Marlies Götter

# Weihnachtszeit, Kinderzeit

Marlies Götter

# Weihnachtszeit, Kinderzeit

Spiele, Geschichten, Lieder, Bastel- und Rezeptideen

urania

## Vorwort

Schön, dass Sie sich mit mir auf den Weg zum Weihnachtsfest begeben möchten. Einen Weg durch eine außergewöhnliche Zeit, gefüllt mit spannenden Vorbereitungen, großen und kleinen Heimlichkeiten, festlichen Dekorationen, leuchtendem Kerzenschein, herrlichem Weihnachtsduft, Erinnerungen an früher und freudigen Erwartungen auf das kommende Fest.

Mit dieser Zeit bis Weihnachten hat es etwas Seltsames auf sich, denn sie scheint für Eltern und Kinder unterschiedlich schnell zu vergehen: Den Großen rennt sie davon, und für die Kleinen wird sie zur halben Ewigkeit. Doch Hauptsache ist, dass alle gut ankommen und im Rückblick sagen können: Auch dieses Jahr haben wir unvergessliche Adventswochen erlebt.

Weihnachtszeit, Kinderzeit – so das Motto dieses Buches, das Ihnen und Ihrer ganzen Familie ein anregender Wegbegleiter durch den Advent sein möchte.

Hier finden Sie Traditionelles, aber auch viel Neues. Suchen Sie sich das heraus, was am besten zu Ihrer Familie passt, was Sie näher zusammenbringt, Sie innehalten lässt und Ihnen gemütliche Stunden beschert. Ob Spielideen, Bastelvorschläge, Rezepte, Mini-Events, Geschichten, Gedichte oder Lieder: Stöbern Sie in den Kapiteln und suchen Sie sich die weihnachtlichen Ideen aus, die Sie ohne großen Aufwand in Ihren Tagesablauf einbauen können. Oder aber Sie überlassen täglich wechselnd einem Familienmitglied die Wahl einer Geschichte oder einer Aktion, sodass dieses Buch zu einem Wahl-Advents-Kalender wird.

Wie auch immer Sie diesen Wegbegleiter nutzen, ich wünsche Ihnen und Ihren Kindern eine himmlisch-schöne Reise durch den Advent, an dessen Ende ein fröhliches Fest auf Sie wartet!

Ihre Marlies Götter

# Spiele-Spaß und Mal-Vergnügen

Zeit – ein kostbares Gut, oft zu knapp, zu voll gepackt. Sich Zeit nehmen füreinander, Zeit miteinander verbringen beim Spiel: Für Kinder hat dies einen hohen Stellenwert. Oft ist diese gemeinsam verbrachte Zeit im Rückblick viel bedeutsamer als kostbare Geschenke. Kinder können noch ganz in ein Spiel eintauchen, sich vergessen, darin aufgehen. Versuchen Sie doch einmal, es ihnen gleichzutun, und stürzen Sie sich in dieser vorweihnachtlichen Zeit ab und an ins Familien-Spielvergnügen. Damit es dabei ganz zeitgemäß zugeht, folgt nun eine Auswahl weihnachtlicher Spielvorschläge.

Auch bei etwas schwierigeren Spielabläufen können kleinere Kinder schon mitspielen, wenn Teams gebildet werden. Das Beraten in solch einer Spielgemeinschaft macht häufig sogar mehr Spaß, als das übliche »Einzelkämpfer-Dasein«. Probieren Sie es einfach mal aus! Am Ende dieses Kapitels finden Sie außerdem zwei Mandalas mit kurzen Erläuterungen zur Bedeutung und zum Ausmalen eines solchen Kreisbildes.

Stöbern Sie nun in den nachfolgenden weihnachtlichen Spiel- und Malvorschlägen und gönnen Sie sich und Ihren Kindern eine entspannte Auszeit!

## Sternenweg

2 und mehr

Tonkarton (Gelb für Sterne; andere Farbe für Aktionskarten), Karton-Rest (für Schablonen), Stift, Schere, Motivlocher, Papier (unifarben; alternativ Geschenkpapier mit kleinen Motiven), Klebstoff, Nüsse (pro Mitspieler eine andere Sorte), Würfel

Selbst gebastelte Spiele machen gleich dreimal Spaß: beim Ausdenken, beim Herstellen und beim Spielen! Als Erstes eine Sternschablone herstellen (s. S. 21 und z. B. S. 57). Mithilfe der Schablone 41 Sterne aus dem gelben Tonkarton anfertigen. Auf 20 dieser Sterne kleine, mit dem Locher ausgestanzte Motive oder alternativ aus Geschenkpapier ausgeschnittene Bildchen kleben. Einen Stern etwas aufwendiger gestalten (z. B. mit einem besonderen Bild oder einem Goldrand). Die 20 unbeklebten und die 20 Sterne mit den Motiven auf dem Tisch oder dem Boden als Weg auslegen. Die Bilder liegen dabei sichtbar nach oben. Die Reihenfolge der Sterne ist gleichgültig. Der besonders gestaltete Stern ist der Zielstern und liegt am Ende des Weges.

Für die Aktionskarten ebenfalls eine Schablone anfertigen und 20 bis 30 Kärtchen ausschneiden. Diese werden dann jeweils auf einer Seite mit erdachten »Aktionen« beschriftet. Die Beschriftungen könnten lauten:

- Gehe 1 (2, 3) Felder zurück.
- Gehe 1 (2, 3) Felder vor.
- Stelle dich auf den nächsten Stern mit Motiv.
- Rücke vor bis zum nächsten Stern ohne Motiv.
- Setze 1 x aus.
- Hole den letzten Mitspieler auf dein Feld.
- Rücke vor bis zum ersten Mitspieler.
- Du darfst noch einmal würfeln.
- Stelle dich auf den 5. Stern vor dem Zielstern.
- Stelle dich auf den 10. Stern vor dem Zielstern.
- Ziehe eine neue Karte.
- Bleibe dort, wo du bist.
- Dies ist ein Gutschein für 1 (2, 3) Würfelpunkt(e). Du darfst ihn so lange behalten, bis du die Punkte zu einem Wurf hinzugerechnet hast.
- Du feierst ein Fest und alle feiern mit: Alle rücken auf den für sie am nächsten gelegenen Stern ohne Bild vor.

Falls ein Spieler aufgrund einer Aktionskarte auf einen neuen Stern mit Bild gelangt, muss eine weitere Karte gezogen werden. Je mehr Karten vorhanden sind, umso mehr Spaß macht das Spiel. Die Karten werden verdeckt auf einen Stapel gelegt. Jeder Mitspieler erhält eine Nuss als Spielstein. Nun wird gewürfelt. Wer eine 6 hat, beginnt und darf mit dem nächsten Wurf starten. Kommt er auf einen Stern mit Bildchen, so muss er eine Aktionskarte ziehen und die Aktion ausführen. Nun ist der nächste Mitspieler an der Reihe. Wer eine 6 würfelt, darf gleich noch einmal würfeln. Die beiden Würfe werden addiert und die Summe gesetzt. Ein fröhliches Miteinander der Nüsse auf einem Stern ist möglich. Es wird also keiner rausgeschmissen! Gewonnen hat derjenige, der zuerst auf dem Zielstern steht.

Dieses Spiel kann sehr gut in einer Faltschachtel (s. S. 26–27) untergebracht werden und eignet sich so auch als ganz besonderes Geschenk!

## Geschenke suchen

2 (bzw. 2 Teams)

ausreichend Papier für Spieltabellen, Buntstifte

Hierbei handelt es sich um eine weihnachtliche Variante des allseits beliebten »Schiffe versenken«. Für die notwendigen Tabellen können Sie die folgende Vorlage entweder kopieren oder einfach abzeichnen. Die weihnachtlichen Symbole ermöglichen auch kleineren Kindern, die noch nicht lesen und schreiben können, das »Geschenke-Such-Spiel« mitzuspielen.

Jeder Spieler beziehungsweise jedes Team erhält einen Spielzettel und Stifte. Der Zettel sollte vom anderen Mitspieler nicht einzusehen sein. Nun malt jeder Spieler drei Päckchen in das obere Spielfeld. Diese sehen wie folgt aus: ein kleines Päckchen (1 Kästchen), ein mittelgroßes Päckchen (2 zusammenhängende Kästchen) und ein großes Päckchen (4 zusammenhängende Kästchen). Die Kästchen werden mit einem Buntstift ausgemalt.

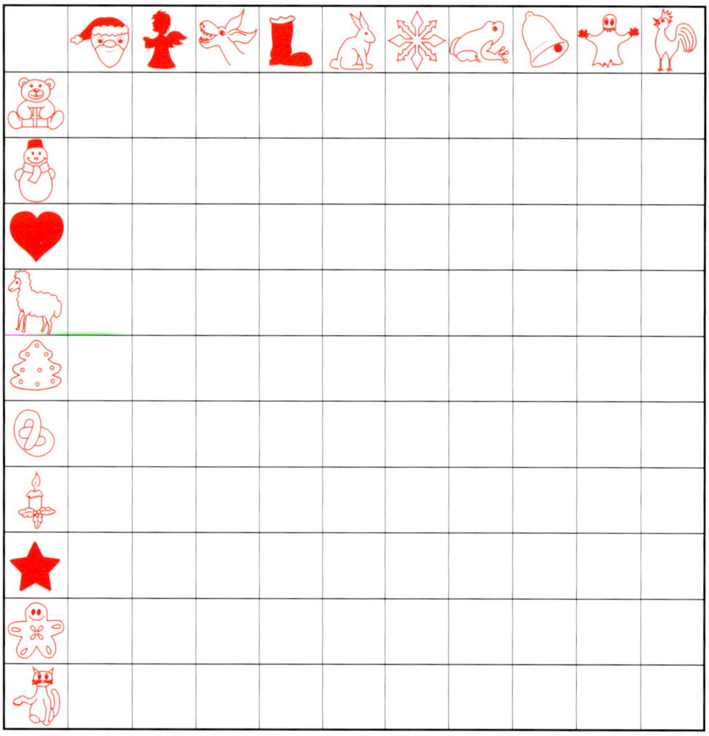

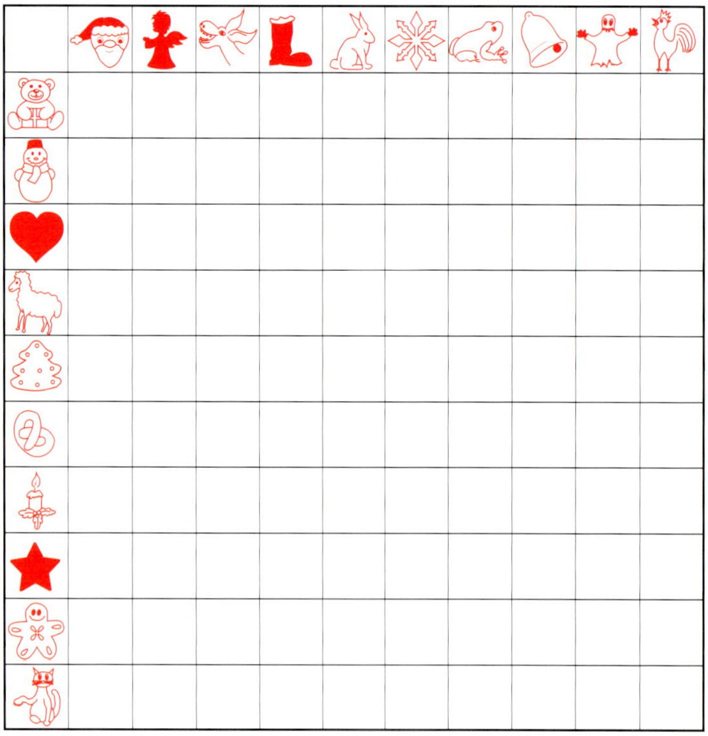

Wenn diese Vorbereitungen erfolgt sind, kann die Suche beginnen. Durch die Symbole am oberen und seitlichen Rand lässt sich jedes Kästchen exakt benennen. Jeder der beiden Spieler versucht so, die Päckchen des anderen aufzuspüren. Falls sich ein Päckchen ganz oder teilweise auf einem genannten Feld befindet, muss dies gemeldet werden. Entweder heißt es »gefunden« oder »teilweise gefunden«. Diese beim Mitspieler gefundenen Päckchen werden in die untere Tabelle eingetragen. Wenn ein Päckchen ganz oder teilweise gefunden wurde, darf so lange weitergesucht werden, bis die Frage ins Leere geht. Auch abgefragte Felder ohne Päckchen sollten in der unteren Tabelle vermerkt werden, damit diese Felder später nicht erneut abgefragt werden. Gewonnen hat derjenige, der als Erster alle Päckchen des anderen gefunden hat.

## Typisch Advent

2 und mehr

Papier und Stifte

Jeder beschriftet sein Blatt wie folgt:

| A – Z | Typisch Advent | Leckerei | Tätigkeit | Geschenk | ideeller Wunsch |
|---|---|---|---|---|---|
| | | | | | |
| | | | | | |

Natürlich ist es auch möglich, den Spielzettel einmal mithilfe des Computers anzufertigen und ihn dann beliebig oft zu vervielfältigen. Nun sagt ein Mitspieler ebenso wie beim klassischen »Stadt, Land, Fluss« in Gedanken das Alphabet auf, bis ein anderer Mitspieler »Stopp!« ruft. Dieser Buchstabe wird in die erste Spalte der Tabelle eingetragen. Er ist jeweils der Beginn der nun waagerecht einzutragenden Worte. Derjenige, der als Erster alle Spalten ausgefüllt hat, ruft wiederum »Stopp« und beendet damit die Runde.
Hier zwei Beispiele:

| A – Z | Typisch Advent | Leckerei | Tätigkeit | Geschenk | ideeller Wunsch |
|---|---|---|---|---|---|
| *A* | *Adventskalender* | *Aachener Printen* | *Adventskranzkerzen anzünden* | *Armbanduhr* | *ab und zu Ruhe* |
| *S* | *Schnee* | *Schokoladen-Weihnachtsmann* | *Singen* | *Spiel* | *Spaß* |

## Silbenrätsel

1 und mehr

Papier, Stifte

**Rätselaufgabe:** Die Anfangsbuchstaben von oben nach unten gelesen, ergeben etwas, was beim Weihnachtsfest nicht fehlen darf (ü = ue).

1) Etwas zum Verpacken
2) Eine andere Bezeichnung der Vorweihnachtszeit
3) Bringt kleine Geschenke
4) Ein anderes Wort für Botschaft
5) Jemand, der im Stall beim Jesuskind war
6) Haben harte Schalen
7) Ort, an dem der Stall mit der Krippe stand
8) Frucht, die gefüllt und gebraten sehr lecker schmeckt
9) Ein Geschenk, mit dem man nicht gerechnet hat, ist eine ...
10) Leckere Süßigkeit in der Form eines kleinen Brotes

ad – ap – ber – beth –
e – fel – hem – ko –
laus – le – mar – nach –
ni – nues – pan – ra –
richt – schung – se –
sel – te – tue – ue –
vent – zi

1) ______________________
2) ______________________
3) ______________________
4) ______________________
5) ______________________
6) ______________________
7) ______________________
8) ______________________
9) ______________________
10) ______________________

Lösung s.S. 96.

Silbenrätsel lassen sich übrigens ganz leicht selbst anfertigen: Das Lösungswort ausdenken und die Buchstaben senkrecht untereinander schreiben. Als Nächstes Wörter suchen, die mit den einzelnen untereinander stehenden Buchstaben beginnen und entsprechende Fragen formulieren. Nun die Querwörter in Silben trennen und diese Silben alphabetisch ordnen. Schon ist das Silbenrätsel fertig!

Solch ein weihnachtliches Rätsel ist auch eine schöne Zugabe zur Weihnachtspost. Das Lösungswort könnte z.B. »Frohes Fest« lauten. Die ganze Familie kann natürlich beim Ausdenken und Ausarbeiten mitwirken. Das macht großen Spaß und die Empfänger werden sich über diesen originellen Gruß ebenfalls sehr freuen.

## Das Christkind packt den Weihnachtsschlitten

2 und mehr

Bei diesem Spiel schauen alle Beteiligten dem Christkind über die Schulter. Es ist gerade bei der Arbeit und gibt den Engeln beim Beladen des Geschenkeschlittens Anweisungen. Der erste Mitspieler beginnt mit dem Satz »Auf den Schlitten wird … (z.B. eine Puppe) gelegt«. Der Nächste in der Spielfolge wiederholt den Satz und fügt einen weiteren Gegenstand hinzu, den er gerne auf dem Schlitten hätte. Er sagt also in unserem Beispiel: »Auf den Schlitten werden eine Puppe und eine CD gelegt.« Sollten spezielle Bewegungen oder Geräusche beim Aufzählen gemacht worden sein, so kann vor Spielbeginn vereinbart werden, dass auch diese wiederholt werden müssen. Falls jemand nicht mehr weiß, was bereits alles auf dem Schlitten liegt, hat er verloren und das Spiel kann von neuem beginnen.

## Wir bauen einen Weihnachtsbaum

2 und mehr

1 Würfel,
14 Streichhölzer
pro Mitspieler

Es wird reihum gewürfelt. Bei jeder 6 darf derjenige, der sie gewürfelt hat, ein Hölzchen nach dem nebenstehenden Weihnachtsbaum-Bauplan auslegen. Anschließend darf er noch einmal würfeln. Sollte wiederum eine 6 fallen, so darf natürlich weitergebaut und noch einmal gewürfelt werden. Gewonnen hat derjenige, der seinen Weihnachtsbaum als Erster aufgebaut hat.

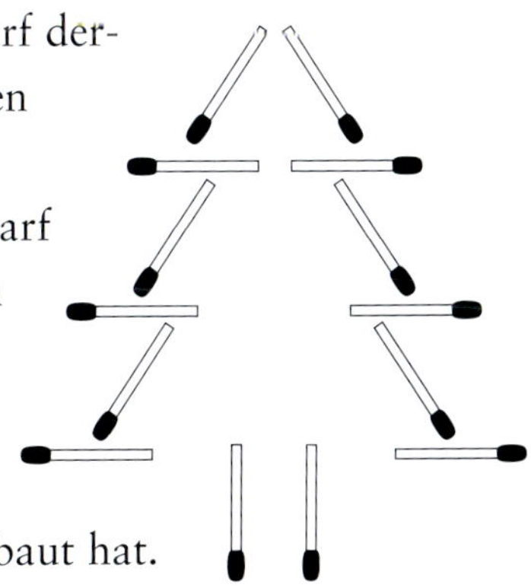

## Das Nuss-Spiel

2 und mehr

1 Würfel, Nüsse

Jeweils eine Nuss wird in die Mitte des Tisches gelegt. Nun ermitteln die Mitspieler, wie viele Tage noch vergehen müssen, bis das Weihnachtsfest endlich da ist. Zu dieser Zahl werden immer 20 hinzugerechnet. Angenommen, es sind noch 20 Tage bis zum Heiligen Abend, so ergibt sich eine Summe von 40. Diese Zahl muss nun reihum erwürfelt werden. Würfelt der erste Spieler eine 4 und der nächste eine 5, so ergibt dies 9 und so fort. Gewonnen hat derjenige, der exakt auf die in unserem Beispiel genannte 40 kommt. Darüber hinausgehende Würfe werden nicht gewertet. Die Zahl muss genau getroffen werden. Der Gewinner erhält die Nuss.

Da die Tage bis zum Weihnachtsfest natürlich weniger werden, ist dieses Spiel auch eine Art Adventskalender. Dementsprechend werden die Spiele immer kürzer, sodass es sich empfiehlt, einen größeren Nussvorrat anzulegen.

## Das Haus vom Nikolaus

2 und mehr

1 Würfel,

Papier, Stifte

Jeder Spieler malt im Spielverlauf das Haus vom Nikolaus (siehe Vorlage). Dies ist eine Zeichnung, die sich in einem – ohne den Stift abzusetzen – durchziehen lässt. Hierzu wird folgender Spruch aufgesagt:

»Das ist das Haus vom Ni-ko-laus
mit Stall und Fah-ne o-ben drauf.«

Aber so einfach geht das bei diesem Spiel nicht. Ein Strich darf immer nur gezogen werden, wenn eine 1 gewürfelt wurde. Dann darf allerdings auch gleich noch einmal gewürfelt werden. Wer das Nikolaushaus als Erster vollständig aufgemalt hat, ist der Gewinner.

## Auf dem Weihnachtsmarkt

2 und mehr

Bei diesem Spiel geht es in Gedanken auf den Weihnachtsmarkt. Einer der Spieler (z. B. der Jüngste) nennt etwas, was es dort gibt. Dies könnte ein Karussell sein. Sein rechter Nachbar muss nun ein Wort nennen, welches mit dem letzten Buchstaben des genannten Wortes beginnt, so beispielsweise »Leute«. Das nächste Wort müsste nun mit einem »E« beginnen und so fort. Dies ist ein Endlos-Spiel – und dementsprechend erst zu Ende, wenn die Mitspieler keine Lust mehr haben, es fortzusetzen.

## Beobachtungsspiele

3 und mehr

Stifte, Papier, weihnachtliche Gegenstände

Pro Beobachter werden ein Stift und ein Zettel bereitgelegt. In einer Baumwolltasche befinden sich zehn unterschiedliche Gegenstände, die gut in die Weihnachtszeit passen (z. B. Nuss, Mandarine, Apfel, kleiner Schoko-Nikolaus, Schleifenband, Buntstift, Plätzchengewürz, Briefmarke usw.). Diese Gegenstände werden nun vom Spielleiter zur Ansicht auf den Tisch gelegt. Nach kurzer Zeit wird alles wieder eingepackt oder mit einem großen Tuch abgedeckt. Die Beobachter notieren oder malen nun die Gegenstände, die sie sich merken konnten. Gewonnen hat derjenige, der die meisten Dinge zu Papier bringt.

**Variante:** Die Gegenstände stecken nicht in der Tasche, sondern liegen verstreut auf dem Tisch. Die Beobachter müssen die Augen schließen. Der Spielleiter entfernt einen Gegenstand. Nun dürfen die Augen wieder geöffnet werden. Wer kann zuerst sagen, welches Teil fehlt?

Alternativ können auch ein oder mehrere Gegenstände hinzugelegt werden. Wer weiß, um welche Dinge die Sammlung erweitert wurde?

Oder aber jeder Gegenstand ist zweimal vorhanden. Die Paare liegen jedoch nicht zusammen, sondern verteilt auf dem Tisch. Die Beobachter schließen die Augen. Ein Gegenstand wird nun entfernt. Welches Teil ist solo?

## Stille Glocke

2 und mehr

Glocke,
3 Streichhölzer
je Mitspieler

Die Glocke wird im Kreis herumgereicht und sollte dabei nicht erklingen. Geschieht dies dennoch, so muss derjenige, der sie zum Läuten gebracht hat, ein Streichholz abgeben. Gewonnen hat der Mitspieler, der das letzte Streichholz (oder die letzten Streichhölzer) hat. Er darf dann das nächste Spiel auswählen.

2 und mehr

## Kreisgeschichten

Würfel, Stein
bzw. Handschmeichler etc.

Der Erzählstein kann ein kleiner schöner runder Kieselstein (z. B. mit Serviettentechnik verziert, s. S. 29), ein Handschmeichler, eine Murmel oder auch ein Stein vom Mühlespiel sein. Derjenige, der die höchste Zahl würfelt, erhält den Erzählstein und beginnt nun mit dem ersten Satz einer Fantasiegeschichte. Dieser Satz könnte z. B. lauten: »Gestern Nacht habe ich im Traum einen kleinen Engel getroffen.« Der Stein wird dann an den Nächsten im Kreis weitergereicht. Dieser formuliert jetzt einen Folgesatz, der z. B. lauten könnte: »Er hatte sehr viel zu tun, denn er musste alle Wunschzettel lesen.« So wächst reihum Satz für Satz eine kleine Weihnachtsgeschichte heran. Wenn der Erzählstein zwei oder drei Runden gedreht hat, sollte eine neue Geschichte begonnen werden. Falls die Geschichte gerade richtig gut im Fluss ist, empfiehlt es sich natürlich, die Reise des Steins fortzusetzen. Für besonders gelungene Geschichten kann auch ein kleines Notizbuch bereitgelegt werden. Vielleicht entsteht daraus dann irgendwann sogar ein Familien-Geschichten-Buch!

## Geschichte mit Bewegung

3 und mehr

Für dieses Spiel ist nichts außer einer schönen Geschichte erforderlich. Derjenige, der die Geschichte vorliest, sollte sie kennen und wissen, welche Hauptwörter am häufigsten vorkommen. Jedem Zuhörer wird nun ein Hauptwort zugewiesen. Wird das Wort beim Vorlesen genannt, so muss derjenige, zu dem es gehört, kurz aufstehen. Es darf erst weitergelesen werden, wenn sich der Hauptwort-Besitzer erhoben hat. Komplizierter – aber auch lustiger – wird's, wenn jeder zwei Wörter bekommt und bei jedem der Wörter entweder die rechte oder die linke Hand heben muss.

## Geschichtenzauber

3 und mehr

Vier Worte werden bei diesem Spiel vorgegeben. Nun zieht sich jeder Mitspieler – oder jedes Team – in ein stilles Eckchen zurück und zaubert aus diesen Worten eine kleine Geschichte. Anschließend werden die Geschichten in gemütlicher Runde vorgelesen.

## Advents-»ABC«

2 und mehr

In der Vorweihnachts- und Weihnachtszeit gibt es viele typische Gegenstände, Leckereien und Besonderheiten. Jeder Mitspieler oder jedes Team versucht für jeden Buchstaben des Alphabets ein typisch adventliches Wort zu finden, das mit dem entsprechenden Buchstaben beginnt (Advent, Butterstollen, Christkind usw.).

## Weihnachtsmandalas

1 und mehr

Papier, Bunt- bzw. Filzstifte

Das Mandala ist ein uraltes Meditationszeichen aus der indischen und tibetischen Tradition. Das Wort Mandala stammt aus der klas-

sischen indischen Kultursprache Sanskrit und bedeutet »Kreis«. Figuren und Kreise werden konzentrisch um eine Mitte herum geordnet. Auch ein Quadrat innerhalb oder außerhalb des Kreises kann die Konzentration auf die Mitte unterstreichen.

Hier ein paar Hinweise zum Ausmalen von Mandalas:

- Erwachsene und Kinder können sich durch das Mandala-Malen sammeln und zur Ruhe kommen.
- Falls gewünscht, kann sanfte Musik als angenehme Untermalung dienen und zusätzlich zur Entspannung beitragen.
- Zum Ausmalen eignen sich Filzstifte (nicht allzu dick) oder ganz gewöhnliche Buntstifte. Je mehr Farben zur Verfügung stehen, umso mehr Freude kommt auf. Mit Buntstiften können die Farben je nach Druck sehr zart oder kräftig aufgetragen werden. Das Übermalen mit einer zweiten Farbe führt zu interessanten neuen Mischnuancen oder erzeugt sanfte Übergänge.
- Die Reihenfolge des Ausmalens – von außen nach innen oder von innen nach außen – bleibt jedem selbst überlassen.
- Das Mandala muss keinesfalls vollständig ausgemalt werden. Auch weiße Elemente haben ihre besondere Wirkung auf das Gesamtbild.
- Das Mandala kann – muss aber nicht – in einem Zug ausgemalt werden. Es ist durchaus möglich, es zu einem späteren Zeitpunkt weiterzumalen.
- Kindern sollte möglichst freie Hand gelassen werden, denn es geht beim Ausmalen nicht in erster Linie um Sorgfalt, sondern vielmehr um Entspannung durch das Einlassen auf das Mandala.

Das Mandala auf S. 18 hat auch die Funktion eines Adventskalenders und verkürzt Kindern die Wartezeit aufs Christkind.

Eine Fotokopie des nebenstehenden Mandalas kann zum täglichen Begleiter durch den Advent werden. Von außen nach innen wird jeden Tag ein Stück des Sternenweges ausgemalt. Die mittlere große Kerze ist die Weihnachtskerze und erhält erst am 25. Dezember ihre Farbe. Je farbenfroher der Sternenweg wird, desto näher rückt das Weihnachtsfest.

Mit Fotokopien des folgenden Mandalas kann eine Familien-Mal-Aktion an verschiedenen Adventsabenden (jeden Abend ein kleines Stückchen) oder einem Wochenende gestartet werden. Es ist immer wieder beeindruckend, wie unterschiedlich sich die Bilder der einzelnen »Ausmal-Künstler« entwickeln. Das Mandala-Motiv eignet sich außerdem sehr gut zum Zeitvertreib am Heiligen Abend und damit zur Hinführung auf das bevorstehende Weihnachtsfest.

# Jede Menge Kreatives

In der Adventszeit wird Basteln groß geschrieben. An nasskalten, grauen Dezembertagen gibt es nichts Schöneres, als gemütlich um einen Tisch zu sitzen und mit den eigenen Händen etwas Weihnachtliches herzustellen. Dabei kommt es gar nicht darauf an, etwas besonders Aufwendiges zu fertigen. Wichtiger ist vielmehr, mit einfachen Mitteln und ganz viel Freude etwas Eigenes zu gestalten. Sie finden deshalb in diesem Kapitel leicht nachzuarbeitende Bastelanleitungen für allerlei dekorative Kleinigkeiten, schöne Geschenke und Weihnachtskarten. Das Alter der mitwirkenden Kinder sollte bei der Auswahl natürlich unbedingt berücksichtigt werden. Suchen Sie sich etwas Passendes aus. Und wenn alles bereitliegt, geht's dann bei schöner Weihnachtsmusik und einem leckeren Heißgetränk auf in den Bastelspaß!

**Hinweis:** Neben den Bastelanleitungen finden Sie mitunter auch Vorlagen. Sie können diese im Copy-Shop fotokopieren, grob ausschneiden und auf Tonpapier aufkleben. Sodann schneiden Sie die Umrisse sorgfältig aus und erhalten so eine Schablone. Oder aber Sie pausen die Motive auf Pergamentpapier ab, schneiden sie ebenfalls grob aus und fixieren sie mit Klebstoff auf Tonpapier, bevor Sie die exakten Konturen ausschneiden. Fertig ist die Schablone!

## Sternwindlicht

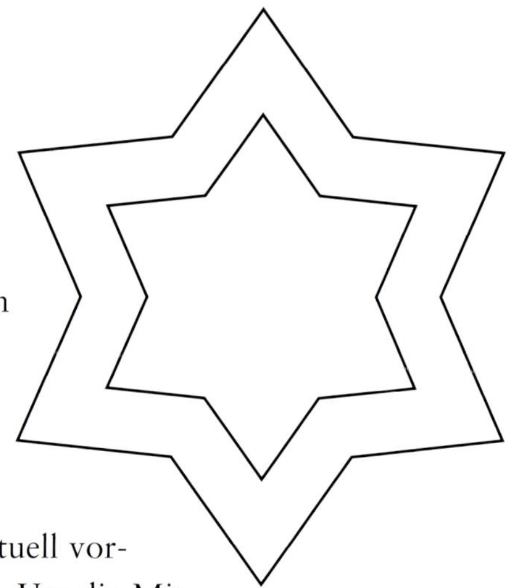

Butterbrotbeutel aus Pergamentpapier, Tonpapier (Reste), Haushaltsschwamm, Gummiband, Stempelkissen, Glas (Höhe ca. 10 bis 11 cm/ Durchmesser ca. 6,5 cm), Teelicht

Die Sternvorlage auf Tonpapier übertragen. Nun den Sternenkranz sorgfältig ausschneiden, also auch den inneren kleinen Stern entfernen. Der verbleibende Sternenkranz dient als Schablone. Von dem Haushaltsschwamm ein Stück in der Größe 3,5 x 2,5 x 2,5 cm abschneiden; eventuell vorhandene grüne Scheuerseite entfernen. Um die Mitte dieses länglichen Schwammstücks ein Gummiband schlingen und dieses dann etwas nach unten streifen, sodass unten eine rundliche Stempelfläche entsteht. Die Schablone auf den Butterbrotbeutel legen. Den Schwamm mit der rundlichen Seite auf das Stempelkissen drücken und anschließend damit den Sternenkranz innen und außen abtupfen.

Die Tonpapierschablone vorsichtig entfernen, je nach Stempelfarbe ausreichend trocknen lassen und den Vorgang auf der Rückseite wiederholen.

Nun den Butterbrotbeutel öffnen, das Glas hineinstellen und den Rand vorsichtig zweimal so umkrempeln, dass das Glas noch verdeckt ist. Teelicht anzünden und vorsichtig in das Glas geben. Natürlich kann auch jedes andere Motiv aufgetupft werden. So lassen sich Schablonen ganz einfach mithilfe eines Ausstechförmchens erstellen.

Für Kinder ist diese Bastelarbeit sehr leicht nachzuarbeiten. Doch aufgepasst: Die Kerzen dürfen nur von Erwachsenen oder unter Aufsicht angezündet werden. Das Windlicht ist nicht nur eine stimmungsvolle Dekoration, sondern eignet sich auch sehr gut als kleines Geschenk.

## Gewürzorange

Orange, Gewürznelken, Geschenkband (ca. 180–200 cm), evtl. dünne Stricknadel, evtl. Floristenwatte und Golddraht

Ob hängend oder liegend, diese gespickten Früchte verbreiten einen angenehm weihnachtlichen Duft und sind ein kinderleicht nachzubastelnder Blickfang.

Die Mitte des Bandes liegt auf der Orange. Nun wird das Band von hier aus rechts und links um die Orange geführt, auf der anderen Seite überkreuzt und so versetzt zurückgeführt, dass die Orange in vier Felder unterteilt ist. Das Band stramm verknoten. Die verbleibenden Bandenden dienen zum Aufhängen. Die vier Felder der Orange werden nun mit Nelken gespickt. Dies geht relativ leicht, wenn die Löcher mit einer dünnen Stricknadel vorgestochen werden.

Natürlich ist es auch möglich, die Orange nur mit Gewürznelken zu bestecken und sie anschließend ganz leicht mit Floristenwatte (goldenen Metallfäden) zu umhüllen. Als zusätzliche Dekoration und zur Fixierung kann die Orange dann noch mit feinem Golddraht umwickelt werden. Zusammen mit ebenfalls verzierten Mandarinen und Kumquats wird sie dekorativ auf einem Teller platziert.

## Mandarinenschiffchen

Mandarinen, Messer, Teelöffel, Schüssel, Reisig (Blumenladen, Gartencenter), Teelichter, Streusternchen

Mandarinen der Breite nach durchschneiden und das Fruchtfleisch vorsichtig mit dem Teelöffel auslösen. Eine möglichst schlichte Schüssel mit Wasser füllen. Aus dem Reisig einen lockeren, duftigen Kranz formen, der in die Schüssel passt. In die Mitte dieses Kranzes das mit einem Teelicht gefüllte Mandarinenschiffchen setzen. Ein paar Streusternchen geben den letzten Schliff. Aufgepasst: Unbedingt darauf achten, dass keine Reisigzweige über den Flammen stehen und Feuer fangen können!

Durch die Bewegung dieses schwimmenden Lichtscheins kommt eine ganz besondere Stimmung auf. Solch eine Schüssel ist deshalb eine ideale Beleuchtung, um die »Insel der Stille« aufzusuchen (s. S. 62–64) oder eine Geschichtenparty (s. S. 64–65) abzurunden.

## Schneepompons

Pappe, Zirkel, Schere, Stopfnadel, Wolle (weiß, flauschig), Perlonfaden

Mithilfe eines Zirkels zwei gleich große Kreise mit einem Durchmesser von 5,5 cm auf die Pappe zeichnen. Die Kreise ausschneiden. Aus der Mitte beider Kreise nun einen kleinen Kreis von 2,5 cm Durchmesser ausschneiden.

Die so entstandenen Scheiben aufeinander legen, einen langen Wollfaden einfädeln und beide Scheiben immer von der Mitte nach außen im Kreis herum dicht an dicht umwickeln. Wenn der Faden zu Ende ist, bleibt er einfach über dem äußeren Rand hängen und es wird mit einem neuen Faden weitergewickelt. Sobald in der Mitte nur noch ein kleines Loch zu sehen ist, die Wollfäden entlang des äußeren Randes zerschneiden, Schere dazu vorsichtig zwischen die Pappscheiben führen. Die Scheiben behutsam etwas nach oben und unten ziehen, sodass die Mitte mit einem umwickelten Faden fest verknotet werden kann. Nun die Pappscheiben entfernen (evtl. zerschneiden). Überstehende Wollfäden abschneiden, sodass eine gleichmäßige Kugel entsteht. Einen Perlonfaden unter dem Faden, der zum Verknoten gedient hat, hindurchziehen und in passender Länge zum Aufhängen verknoten. Nun kann die dicke, runde Schneeflocke – die hoffentlich noch Verstärkung bekommt! – am Fenster, einem Zweig oder am Christbaum aufgehängt werden.

## Weihnachtskerze

Wachsplatten (dünn), Frühstücksbrettchen (Kunststoff) oder Backpapier, Ausstechförmchen, einfarbige Stumpenkerze

Eine Wachsplatte auf eine glatte Unterlage legen (Kunststoffbrettchen, Tisch mit Backpapier). Mit den Ausstechförmchen die gewünschten Motive ausstechen. Diese ausgestochenen Wachsteile auf der Rückseite mit der Hand etwas erwärmen und auf der Kerze durch leichtes Andrücken platzieren. Schöne Motive sind beispielsweise Engel, Tannenbäume, Sterne etc. Wachsreste lassen sich zum Verzieren verwenden, indem sie zusammengeknetet und zu einem dünnen Würstchen gerollt werden. Von diesem können dann kleine Scheiben abgeschnitten und am Rand der Kerze als Verzierung aufgedrückt werden.

Da eine selbst gestaltete Kerze meist einen Ehrenplatz erhält und nur selten angesteckt wird, können Sie die Kerze zusammen mit der Kopie der Geschichte »Eine Kerze erzählt« (s. S. 78) verschenken. Dies motiviert den Beschenkten sicherlich, die Kerze ihrer Bestimmung nach zu verwenden!

## Wachsanhänger

Ausstechförmchen für Plätzchen, Kerzen, Teller mit Rand, Nähnadel (fein), Nähgarn

Etwas Wasser in den Teller geben und ein Ausstechförmchen hineinlegen. Die Kerze anzünden und den Wachs in das Förmchen tropfen lassen. Nach dem Erkalten das Motiv vorsichtig aus der Form drücken. Nun den Faden mithilfe der Nadel behutsam durch den oberen Teil der Wachsfigur ziehen.

Natürlich darf diese sehr einfache Bastelarbeit nur unter Aufsicht erfolgen, damit sich die Kleinen nicht verbrennen!

Die Wachsfiguren eignen sich als Christbaumschmuck und als Geschenkanhänger. Mehrere dieser Wachsanhänger – in einer schönen Schachtel (s. S. 26–27) als Geschenk zusammengestellt – erfüllen auch Patentante oder Großeltern mit Stolz auf den kleinen Künstler.

## Weihnachtsschachteln

Tonpapier (verschiedene Farben), Schere, Lineal, Klebstoff, Wolle (weiß), Goldband

Für eine Schachtel von 10 cm Seitenlänge benötigen Sie ein 30 x 30 cm großes Papierquadrat.

Als Erstes falten Sie ein Diagonalkreuz und kniffen die Ecken zur Mitte.

Das Papier wieder öffnen. Im Inneren ist jetzt ein neues Quadrat entstanden.

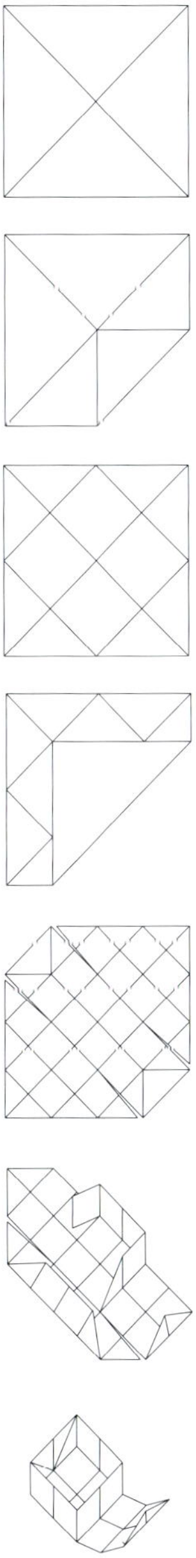

Als nächsten Schritt die Ecken über die Mitte an das Quadrat falten. Das Papier wieder öffnen.

Zwei gegenüberliegende Ecken umknicken, rechts und links neben diesen Ecken zwei Felder einschneiden.

Die beiden anderen Ecken zweimal umlegen, zur Schachtelwand aufrichten und an den Einschnitten nach innen biegen.

Nun die flach liegenden Seiten über die beiden losen Wandteile in das Schachtelinnere falten und festkleben.

Für den Deckel schneiden Sie ein Quadrat mit den Maßen 31 x 31 cm aus und fertigen ihn nach den oben beschriebenen Schritten.

Kordeln zur Verzierung können ganz einfach selbst hergestellt werden. Hierzu z.B. einen weißen Wollfaden mit einem goldfarbenen Faden verknoten. Die Fäden sollten mehr als die doppelte Länge der endgültigen Kordellänge haben. Die verknoteten Fäden um eine Türklinke hängen. Mit den anderen beiden Fadenenden so weit von der Türklinke entfernen, dass die Fäden stramm gespannt

sind. Nun beide Fäden so lange rechts herum drehen, bis beide Fäden bis an die Türklinke zusammengedreht sind. Mit der freien Hand (oder der Hand einer hilfsbereiten Person) die Mitte der zusammengedrehten Bänder fassen und die Enden in der Hand mit den Enden an der Türklinke zusammenbringen. Von der Mitte aus die Fäden in kleinen Abschnitten zusammenlaufen lassen.

## Lesezeichen

Tonkarton, Lochzange bzw. Locher, Motivlocher, Papier (verschiedene Farben), Klebstoff, Kordel bzw. Band (fein, ca. 30 cm lang), Bleistift, Lineal

Ein Rechteck in der Größe 7 x 15 cm auf den Tonkarton zeichnen. Dieses aufgezeichnete Rechteck nicht entlang, sondern innerhalb der Linien in einer leichten Wellenbewegung ausschneiden. Mit dem Motivlocher aus dem jeweiligen Papier Sterne, Tannen oder Ähnliches ausstanzen. Die Motive auf der Vorderseite des Lesezeichens platzieren und festkleben. Dasselbe auf der Rückseite wiederholen.

Anschließend das Lesezeichen im oberen Bereich mit einer Lochzange oder einem Locher lochen. Nun die Mitte der Kordel durch das gestanzte Loch fädeln und die beiden Kordelenden durch die so entstandene Schlaufe ziehen, bis das Band das Lesezeichen umschließt. Die beiden Kordelenden werden anschließend verknotet.

## Herzige Tasse

Spülmittel, Pergamentpapier, Bleistift, Kohlepapier, Kreppband, Tasse, evtl. Phantomstift, Porzellanmalstifte, Wattestäbchen

Die Tasse mit Spülmittel reinigen, damit sie fettfrei wird. Sodann zwei unterschiedlich große Herzschablonen auf die Tasse übertragen. Hierfür können Sie zum einen Pergamentpapier auf das Motiv legen und mit dem Bleistift übertragen, das Pergamentpapier auf Kohlepapier legen, beides auf der Tasse platzieren und mit Kreppband befestigen. Nun die Kontur mit dem Bleistift durchdrücken. Zum anderen können Sie Ihr Motiv im Copy-Shop kopieren und

ausschneiden. Das ausgeschnittene Motiv mit doppeltgeschlagenem Klebeband auf der Tasse befestigen und mit einem Phantomstift (z. B. für Seidenmalerei) umfahren.

Nun die Flächen farbig ausmalen. Konturen gegebenenfalls mit einem angefeuchteten Wattestäbchen säubern.

Nach der auf den Porzellanstiften vermerkten Trockenzeit die Tasse in den Backofen stellen und diesen wie angegeben erhitzen. Nachdem die Temperatur erreicht ist, das Motiv 30 Minuten einbrennen lassen. Danach den Backofen abschalten und die Tasse im geschlossenen Ofen abkühlen lassen.

## Briefbeschwerer

Kieselstein (möglichst hell), Motivserviette, Schere, Speziallack für Serviettentechnik, Pinsel

Das Motiv aus der Serviette ausschneiden oder reißen und die unteren zwei Lagen entfernen. Das Motiv auf den Stein legen und den Lack mit einem Pinsel von der Mitte aus vorsichtig auftragen, bis das ganze Motiv möglichst glatt auf dem Stein klebt. Trocknen lassen. Nach Belieben den ganzen Stein nochmals überlackieren.

## Dekotüten

Tonpapier, Goldpapier, Klebstoff, Kordel, Lochzange, Motivlocher, Deko-Schnee (Watte), Aufhänger für Christbaumschmuck

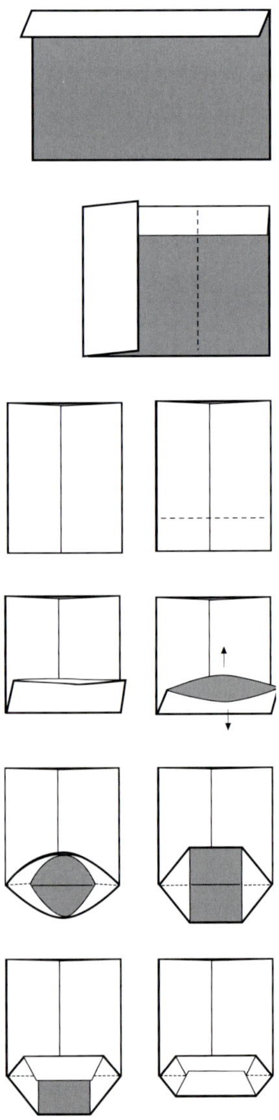

Aus dem Tonpapier Rechtecke mit einer Breite von 15 cm und einer Höhe von 9,5 cm schneiden. In der Höhe einen Streifen von 2,5 cm nach vorne umschlagen, sodass eine Höhe von 7 cm bleibt. Nun den linken Teil der breiten Seite ca. 4,5 cm nach rechts und den rechten Teil der breiten Seite ca. 4 cm nach links falten. Die beiden umgeknickten Teile ineinander schieben und den Rand zusammenkleben.

Jetzt den unteren Teil (Boden) wie folgt falten: 2 cm nach oben umknicken, den unteren Teil dieses umgeknickten Streifens wieder nach unten ziehen und hierbei die rechte und linke Außenkante nach innen knicken. Nun den oberen Teil 1,2 cm nach unten und den unteren Teil 1,2 cm nach oben falten, sodass sich beide Teile überlappen. Den Boden mit Papierkleber zusammenkleben.

In den oberen Rand der Tüte zwei Löcher stanzen. Nun ein Stück Kordel (ca. 30 cm) von vorne nach hinten durch die beiden rechten Löcher ziehen. Den vorderen Kordelteil durch das vordere linke Loch und den hinteren Kordelteil durch das hintere linke Loch ziehen. Die Kordelenden befinden sich nun in der Tüte und werden hier zusammengeknotet.

Mit dem Motivlocher aus dem Goldpapier ein kleines Motiv ausstanzen und im unteren rechten Teil der Tüte aufkleben. Alternativ kann auch ein kleines Bildchen aus Geschenkpapier ausgeschnitten und aufgeklebt werden. Die Tüte anschließend mit Deko-

Schnee (Watte) ausstopfen. Mit einem Aufhänger für Christbaumschmuck kann sie an einen Zweig des Tannenbaums gehängt werden.

Natürlich können auch größere Tüten hergestellt werden. Sie sind wunderschöne Verpackungen für Weihnachtsgeschenke. Aus einfachem Packpapier hergestellt, können sie mit den beschriebenen Stempeltechniken oder aus Geschenkpapier ausgeschnittenen Motiven verziert werden. Falls die Tüten aus Geschenkpapier gefaltet werden, sollte dies doppelt verwendet werden, um mehr Stabilität zu erhalten.

## Weihnachtsbaumpäckchen

Streichholzschachteln, Klebeband, Metallfolie, Goldkordel (fein), Klebstoff, Holzstreuteile

Die Streichholzschachteln leeren. Das herausgeschobene Mittelteil mit der Öffnung auf das äußere Teil legen und mit Klebeband befestigen. Diesen Schachtelturm mit der Metallfolie (9,5 cm x 15 cm) verpacken. Die Kordel über Kreuz herumbinden und auf der schmalen Seite verknoten. Die verbleibenden Enden des Bandes müssen so lang sein, dass sie zusammengeknotet als Aufhänger dienen können. Auf der Ansichtsseite abschließend ein weihnachtliches Holzstreuteil befestigen.

## Faltsterne

Papier (unifarben), Goldpapier, Lineal, Bleistift, Schere, Motivlocher (kleiner Stern), Floristenwatte (goldene Metallfäden) bzw. Deko-Schnee, Lochzange bzw. dicke Nadel, Kordel bzw. Band, evtl. Fotoklebeplättchen

Aus dem Papier ein Quadrat in der Größe von 17 x 17 cm erstellen. Auf zwei gegenüberliegenden Seiten mithilfe des Lineals und des Bleistifts die Mitte markieren und diese beiden Punkte mit einem möglichst dünnen Bleistiftstrich verbinden. Nun das Lineal an der äußeren linken Ecke anlegen und so zur vorgezeichneten Mittellinie führen, dass eine Gerade von 17 cm Länge entsteht. Diese Gerade mit dem Bleistift nachziehen. Auch von der rechten äußeren Ecke bis zu Mittellinie eine 17 cm lange Linie ziehen. Das so entstandene gleichseitige Dreieck ausschneiden. Die drei Spitzen des Dreiecks jeweils nacheinander zur gegenüberliegenden langen Seite (Mitte vorher kennzeichnen) falten und wieder öffnen. Eine der Spitzen entlang der gefalteten Linie auf die gegenüberliegende lange Seite knicken. Dieser hochgeknickte Teil entspricht einem Dreieck. An den nach oben laufenden Seiten jeweils von der Grundlinie aus 2,6 cm abmessen, ein Lineal an diesen beiden Punkten anlegen und die Spitze nun über das Lineal zurückfalten. Dies bei den anderen zwei Seiten wiederholen. Zum Schließen werden nun die gefalteten Ecken nacheinander übereinander gelegt. Bei der letzten Ecke dann ein Ende unter die erste Ecke legen. Der Stern ist gefaltet.

Er kann mit ausgestanzten Sternen beklebt und mit etwas Deko-Schnee oder Floristenwatte dekoriert als Christbaumschmuck dienen. Dazu wird in eine überlappende Ecke ein Loch gestanzt und eine Kordel oder ein Band zum Aufhängen hindurchgezogen.

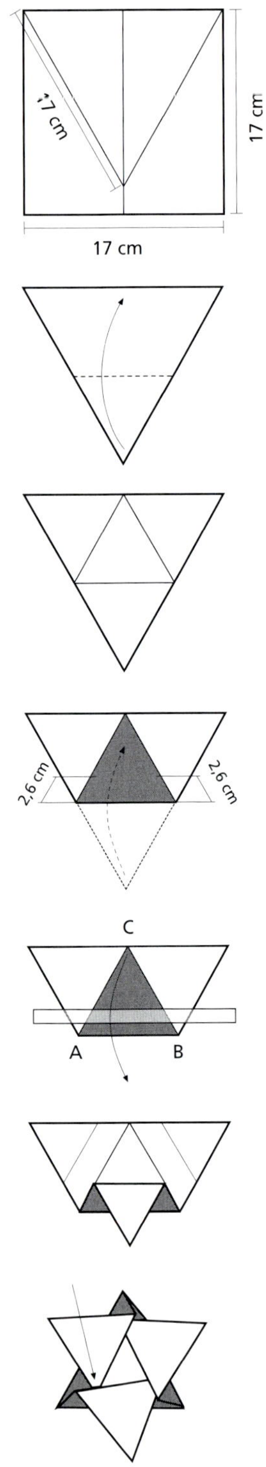

## Weihnachtssterne

Schere, Tonkarton oder Tonpapier, Bleistift, Nadel, Faden

Das Motiv zweimal auf Tonkarton übertragen, einmal den mittleren kleinen und einmal den äußeren großen Stern (s. auch S. 22) ausschneiden. Die Mitte des großen Sterns ebenfalls ausschneiden. Diese beiden Schablonen auf das Tonpapier legen und nachzeichnen. Die kleine Schablone nochmals auflegen und nachzeichnen. Den großen Stern und die zwei kleinen Sterne ausschneiden. Die kleinen Sterne von hinten und vorne deckungsgleich, jedoch versetzt zur Motiv-Aussparung, im großen Stern aufkleben. Mithilfe der Nadel den Faden durch eine Spitze einer Zacke ziehen und den Faden zum Aufhängen verknoten.

Für diese Sterne gibt es vielfältige Verwendungsmöglichkeiten. Sie können z. B. im Tannenbaum oder an Zweigen hängen, ein Geschenk verschönern oder auch zur Dekoration (ohne Band) einen Platz auf der Kaffeetafel finden.

## Weihnachtsherzen

Tonpapier, Geschenkpapier (möglichst kleine Motive), Karton, Bleistift, Schere, Papierkleber, Lochzange oder Locher, Band (schmal bzw. Kordel)

Die Herzvorlagen (groß und klein) auf Karton übertragen. Die so entstandenen Schablonen auf das Tonpapier (große Schablone) bzw. auf das Geschenkpapier (kleine Schablone, zweimal) legen und mit dem Bleistift umfahren. Nun die drei Herzen ausschneiden und anschließend das Tonpapier von beiden Seiten mit den Geschenkpapierherzen bekleben. Das Herz oben lochen und anschließend das Band oder die Kordel durchziehen. Anstelle der Herzschablonen können nach obiger Anleitung z.B. auch eine Tannenbaum- oder Sternschablone gefertigt werden.

## Karte mit Stempelmotiv

Das stabile DIN A4-Blatt in der Mitte halbieren (= DIN A5) und dann in der Mitte zusammenfalten. Das Motiv (für den Tannenbaum wurde ein Backförmchen als Vorlage verwendet) auf Tonpapier übertragen. Das Motiv jeweils mit breitem Rand und dann das Innere (also die später zu sehende Figur) vorsichtig ausschneiden, sodass der Rand nicht beschädigt wird. Das Wesentliche für diese Karte ist nämlich die so entstehende Motiv-Aussparung. Von dem Haus-

Papier bzw. Karton (150–250 g; für 2 Karten ein DIN A4 Blatt), Tonpapier (Reste), Haushaltsschwamm, Gummiband, Stempelkissen, Schmucketikett, Goldpapier, Motivlocher, Klebstoff

haltsschwamm ein Stück in der Größe 3,5 x 2,5 x 2,5 cm abschneiden, eventuell vorhandene grüne Scheuerseite entfernen. Um die Mitte dieses länglichen Schwammstücks ein Gummiband schlingen und dieses dann etwas nach unten streifen, sodass unten eine rundliche Stempelfläche entsteht. Nun die Schablone (Motiv-Aussparung) auf die zu bestempelnde Vorderseite der Karte legen. Den Schwamm mit der rundlichen Seite auf das Stempelkissen drücken und anschließend damit das Motiv austupfen. Die Schablone vorsichtig entfernen. Sterne mit dem Motivlocher ausstanzen und aufkleben. Zum Schluss Schmucketikett »Frohe Weihnachten« fixieren oder ganz nach Belieben die Karte von Hand beschriften. Natürlich lassen sich aus jedem anderen schlichten Motiv Schablonen herstellen, um Karten zu bedrucken. Ihrer Fantasie sind keine Grenzen gesetzt, sodass viele schöne Unikate entstehen können!

## Embossingkarten

Doppelkarte DIN A6 (möglichst weiches Papier), Papier- und Tonpapierreste, Seidenpapier, Geschenkpapier, Schere, Klebstoff, Doppel-Schaumklebeband, Embossing-Leuchttischchen, Prägeschablone, Prägestift, Motivlocher, Schmucketiketten

Die Prägeschablone auf dem Leuchttisch platzieren und die Vorderseite der zu prägenden Flächen auf die Schablone legen. Das Papier mit dem Prägestift in die Ausstanzungen der Schablone drücken und alle Konturen so einprägen.

Geschenkpapiermotive grob ausschneiden, auf Tonkarton kleben, sorgfältig ausschneiden und einen Abstandshalter aus dem Klebeband hinter das Motiv kleben. Papier beziehungsweise Seidenpapier in Form reißen oder schneiden. Motive mit dem Locher ausstanzen. Nun die jeweiligen Elemente mit Kleber auf der Karte

fixieren und die Schmucketiketten aufkleben. Aufgepasst: Bei Varianten wie der Päckchenkarte (s. Abbildung) muss vor dem Prägen das Dekopapier aufgelegt werden, da die Prägung teilweise durch beide Papiere erfolgt.

## Karte mit weihnachtlichen Zutaten

Schmierpapier, Papier bzw. Karton (150–250 g), Stift (breit; vorher testen, dass er auf dem Papier nicht ausläuft), evtl. Zeitschriften, Moosgummi, Holzklötzchen, Klebstoff, Tonkarton, Stempelkissen

Als Erstes eine Familienkonferenz einberufen und gemeinsam überlegen, was alles zu einem gelungenen Weihnachtsfest dazugehört. Sämtliche Schlagwörter (wie z. B. Kerzenschein, Ruhe, Gäste, Schlemmereien, Weihnachtslieder, Christmette, Geschenke usw.) auf dem Schmierzettel sammeln. Anschließend ermitteln, was für alle wichtig ist.

Das DIN A4-Blatt, aus dem die Karte entstehen soll, in der Mitte halbieren (= DIN A5) und dieses Stück dann wiederum in der Mitte zusammenfalten. Einen Schönschreiber oder eine Schönschreiberin auswählen (dies kann auch der PC sein). Die auserkorene Person hat nun die Aufgabe, unter der gedanklichen Überschrift »Weihnachtliche Zutaten« sämtliche gesammelten Begriffe in schöner Anordnung aufzuführen. Eine Alternative ist, dass jeder – sofern er schreiben kann – einige Begriffe auf die Karte streut. Das sieht besonders interessant aus, und der Adressat erkennt auf einen Blick, dass die ganze Familie bei der Kartengestaltung mitgewirkt hat. Kleine Kinder können auch eine Mini-Zeichnung dazu beitragen.

Eine weitere Alternative ist das Ausschneiden der Begriffe oder entsprechenden Bilder aus Zeitschriften. Die Schnipsel werden anschließend zu einer Collage zusammengestellt.

Der Innentext solch einer Karte könnte lauten:

*»Was für euch zum Weihnachtsfest dazugehört, das wissen wir nicht. Wir wünschen euch aber, dass sich alles erfüllt, was ihr euch erhofft. Herzliche Weihnachtsgrüße senden ...«*

Die beschriftete Karte kann zusätzlich mit Motivstempeln aus Moosgummi verziert werden. Schlichte Motive (z. B. Stern, Herz) auf Tonkarton übertragen. Die Vorlage auf das Moosgummi legen, mit dem Bleistift umranden und ausschneiden. Das Moosgummimotiv mit Alleskleber auf ein passend zugesägtes Holzklötzchen kleben. Den so entstandenen Stempel auf ein Stempelkissen drücken und ein- oder zweimal auf einem Blatt Papier die Farbe etwas abstempeln. Erst dann das Motiv auf die Karte aufbringen, da sonst der Text zu stark überdeckt wird. Den Vorgang wiederholen.

## Umschläge

Geschenkpapier, Packpapier, Tonkarton, Schere, Bleistift

Umschläge für Ihre selbst gebastelten Karten können Sie natürlich kaufen. Sie lassen sich aber auch ganz einfach selber fertigen. Dazu ist ein passender Umschlag notwendig, der vorsichtig auseinander getrennt wird. Dieser wird dann auf Tonkarton geklebt und ausgeschnitten. Die so entstandene Umschlagschablone kann nun beliebig oft auf farblich abgestimmtes Geschenkpapier gelegt und mit dem Bleistift umfahren werden. Nach dem Ausschneiden werden die Geschenkpapierumschläge zusammengeklebt. Bei gemustertem Papier ein Anschriftenetikett aufkleben. Sehr interessant ist auch die Verwendung von Packpapier. Auch Kinder können so ohne großen Aufwand eine passende Hülle zu ihrer selbst gebastelten Karte erstellen.

## Himmlische Flaschenpost

Flasche (schlichte Form, durchsichtig, mit Schnappverschluss oder Korken), Motivserviette, Acrylfarbe (hell), Speziallack Serviettentechnik (klar), Pinsel, Tannenzweig (künstlich oder frisch), Schleifenband, Papier (DIN A4)

Die Flasche mit Acrylfarbe einpinseln und trocknen lassen. Arbeitsgang so oft wiederholen, bis die Flasche an den übermalten Stellen nicht mehr durchscheint.

Das Motiv vorsichtig aus der Serviette reißen. Die zwei unteren Lagen lösen. Die Motivlage auf die Flasche legen und vorsichtig von

der Mitte aus mit Speziallack überpinseln. Sehr behutsam pinseln, damit einerseits die Luftblasen verschwinden und andererseits die Serviette nicht reißt. Nach dem Trocknen die gesamte beklebte und übermalte Flasche mit dem Lack einstreichen.

Einen schönen Text auswählen und diesen auf ein unifarbenes Blatt Papier schreiben oder fotokopieren. Das beschriftete Blatt so zusammenrollen und mit einem schmalen Band fixieren, dass das Blatt problemlos durch den Flaschenhals passt. Hierzu das Blatt mit leichtem Druck wiederholt über eine glatte Fläche rollen. Die Rolle wird dadurch immer schmaler. Die Flasche anschließend verschließen; mit Schleifenband und Tanne dekorieren.

## Serviettenkerzen

Papierserviette (mit weihnachtlichem Muster oder unifarben), Schleifenband, Tonpapier (gelb), Schere, Bleistift

Die Serviette vollständig öffnen und mit der Rückseite nach oben auf den Tisch legen. Nun die rechte Seite auf die linke Seite knicken, die Serviette also einmal in der Mitte falten. Jetzt die untere Hälfte auf die obere Hälfte falten, sodass ein Quadrat entsteht. Etwas weniger als die Hälfte dieses Quadrates von oben nach unten umschlagen, sodass der untere Teil etwas länger ist. Die linke Ecke des oberen Teils leicht schräg nach innen umknicken. Nun die Kerze von rechts nach links einrollen und mit dem Band in der Kerzenmitte fixieren. Alles, was noch fehlt, ist die Flamme. Diese aus gelbem Tonpapier ausschneiden und von oben in die stehende Kerze stecken.

Diese besonders einfache Serviettenbastelei lässt sich von Kindern spielend nacharbeiten – und ist gleichzeitig ein Highlight auf jeder Advents- oder Weihnachtskaffeetafel.

## Tannenbaumserviette

Papierserviette (grün, möglichst groß)

Die ausgebreitete Serviette von rechts nach links falten. Die Mitte der oberen Kante ausmessen und die rechte obere Ecke bis dort hin umschlagen. Nun die linke obere Ecke ebenfalls umschlagen. Oben ergibt sich eine Spitze und die beiden Ecken überlappen sich. Die untere Serviettenhälfte auf die obere falten und etwas mehr als die Hälfte davon von oben nach unten umklappen. Die rechte und linke Seite des oberen Serviettenteils nun zur Mitte falten. Kniffe gut andrücken und die Tanne wenden. Mit Deko-Streusternen oder Süßigkeiten dekoriert, ist auch diese Faltarbeit ein wunderschöner Tischschmuck für weihnachtliche Kaffeetafeln.

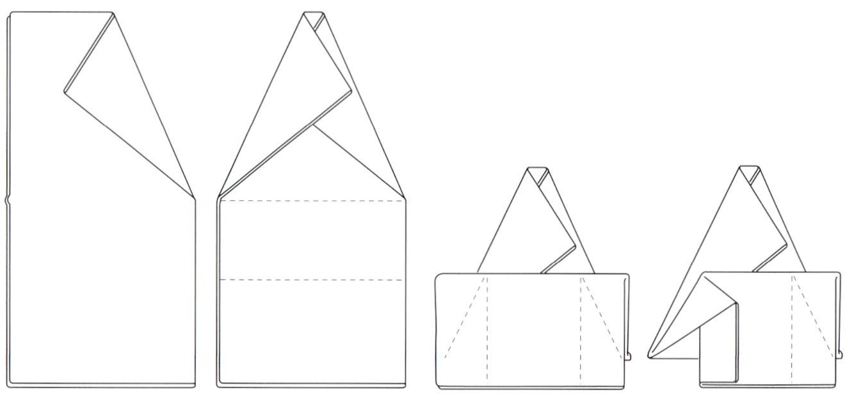

## Serviettenstern

Tonkarton (z. B. goldfarben), Papier (weiß, weich), Pappe (für Schablone), Gelstift (goldfarben), Schmucketiketten, Papierservietten, Motivlocher, Klebstoff

Als Erstes die Vorlage auf goldfarbenen Tonkarton übertragen. Die Namen der Gäste auf weißes weiches Papier schreiben und vorsichtig ausreißen. Um einen dekorativen unregelmäßigen Rand zu erhalten, das äußere Papier rund um den Namen wegreißen. Die Namens-Zettelchen jeweils auf eine Zacke des Serviettensterns kleben.

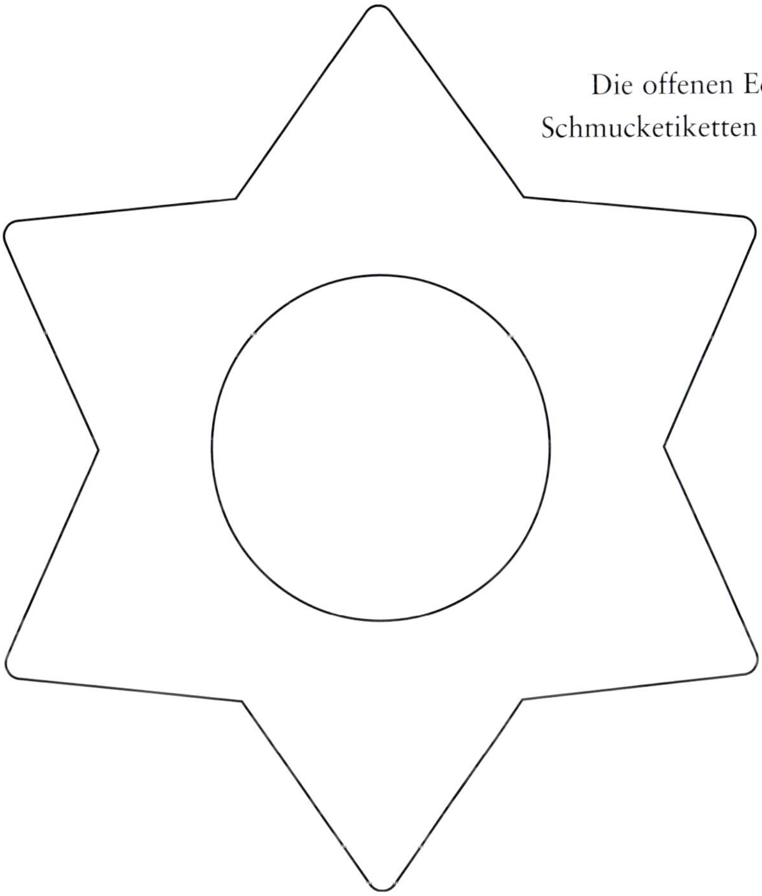

Die offenen Ecken der Servietten mit Schmucketiketten und ausgestanzten Sternen bekleben. Abschließend die gegenüberliegenden Ecken der Serviettenquadrate vorsichtig durch die Öffnung des Serviettenrings ziehen.

## Weihnachtliche Tischkarten

Tonpapier bzw. -karton, Geschenkpapier, Schere, Klebstoff, Doppel-Schaumklebeband, Stifte

Aus dem Tonpapier beziehungsweise -karton Quadrate in einer Größe von ca. 10 x 10 cm schneiden und diese in der Mitte falten. Aus dem Geschenkpapier mit einer feinen Schere farblich passende Motive ausschneiden und jeweils ein Motiv rechts oder links auf das Tischkärtchen kleben. Für eine plastischere Wirkung können Sie die grob ausgeschnittenen Motive auch erst auf Tonpapier kleben, dann sorgfältig ausschneiden und anschließend mit Doppel-Schaumklebeband auf den Tischkarten fixieren. Abschließend die Namen der Eingeladenen auf die Platzkarten schreiben (s. Bild S. 41).

## Herzkalender

Regenbogen-karton, Geschenkband, Schere, Klebstoff, Lochzange

Die Vorlage zweimal auf Regenbogenkarton übertragen und ausschneiden, die Seitenteile falzen. Sodann stanzen Sie jeweils mittig oben vorsichtig ein Loch für die Aufhängung. Nun zwei Herzen so zusammenlegen, dass die Seitenflächen innen liegen. Beide Hälften zusammenkleben. Abschließend das Geschenkband durch die zuvor ausgestanzte Öffnung ziehen und innen verknoten.

## Briefkalender

3 Holzbretter (16 x 7 cm = Vorderseite, 16 x 10 cm = Rückseite und 16 x 9 cm = Boden, jeweils 1 cm stark), Holzleim, Nägel, Holzmalfarbe, Briefumschlag (16 x 11,5 cm), Tonkarton, Geschenk- bzw. Packpapier, Schere, Klebstoff, Bleistift, Schleifenband, Deko-Tannenzweig, Moosgummi, Zackenschere, Holzklötzchen, Stempelkissen, Zahlenstempel bzw. Schmucketiketten

Den Briefständer aus den Brettern mithilfe von Holzleim und Nägeln zusammenbauen, mit der Holzmalfarbe anmalen und trocknen lassen. Einen fertigen Briefumschlag vorsichtig auseinander trennen, als Vorlage auf den Tonkarton kleben und ausschneiden. Diese Schablone auf das Papier legen und mit dem Bleistift umfahren. Diesen Vorgang 23-mal wiederholen. Nun die Umschläge ausschneiden und zusammenkleben.

Mit der Zackenschere aus dem Moosgummi ein Rechteck in Größe einer Briefmarke ausschneiden und auf das Klötzchen kleben. Mit diesem Stempel auf jedes Kuvert oben rechts eine Briefmarke stempeln. Hierein dann die Tageszahl (1–24) schreiben, stempeln oder kleben. Die Umschläge in den Briefständer stellen, das Geschenkband um den Ständer binden und unter die Schleife einen Tannenzweig stecken.

## Faltkalender

Packpapier, Lineal, Schere, Bleistift, Geschenkpapier mit kleinen Motiven, Tonpapier, Doppel-Schaum-klebeband, Lochzange, Band, Kordel, Mini-Wäsche-klammern

24 Quadrate in der Größe 27 x 27 cm aus dem Packpapier schneiden. 9 cm in der Breite und 9 cm in der Länge markieren. Die untere Seite bis 9 cm unter die obere Seite (s. Markierung) falten und wieder auseinander falten. Nun die obere Seite bis an die entstandene Faltkante falten und wieder entfalten. Die rechte Seite bis 9 cm zur linken Seite (s. Markierung) falten und wieder entfalten. Die linke Seite nun bis zur entstandenen Faltkante falten und entfalten. Das Papier ist nun in 9 Quadrate unterteilt. Die Eckquadrate jeweils diagonal bis zum Beginn des mittleren Quadrats einschneiden. Die durch das Einschneiden entstandenen Dreiecke auf die zwischen den Dreiecken liegenden Quadrate falten. Die Quadrate, auf denen die Dreiecke liegen, zur Hälfte umfalten. Die 4 Seiten nun nach und nach – eine Seite über die andere – umfalten. Die vierte Seite zur Hälfte unter die erste Seite stecken.

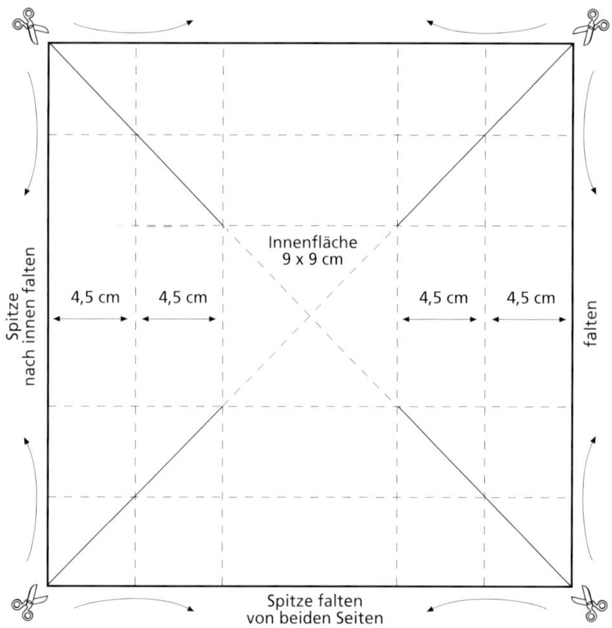


Die gefalteten Quadrate nach dem Füllen mit der Lochzange lochen und die Bänder durchziehen.

Motive grob aus dem Geschenkpapier schneiden, auf das Tonpapier kleben und exakt ausschneiden. Ein Stück vom Doppel-Schaumklebeband abschneiden und unter das Motiv kleben. Motiv auf dem Quadrat platzieren. Abschließend die Quadrate mit kleinen Wäscheklammern (Spielzeugladen) an eine Kordel hängen.

## Lichterkettenkalender

24 kleine Gläser, Window Color (verschiedene Farben)

Die Oberfläche der Gläser säubern und gut abtrocknen. Nun rundherum Window-Color-Farben Ihrer Wahl direkt aus der Tube locker und schwungvoll auftragen. Gut trocknen lassen – fertig ist der Kalender!

# Mini-Events

Der Begriff »Event« steht für Ereignis – und im übertragenen Sinne für ein besonderes Erlebnis, eine außergewöhnliche Veranstaltung oder aber ein herausragendes Fest.

In der Adventszeit nähern wir uns Schritt für Schritt einem ganz besonderen Ereignis, dem Fest der Geburt Jesu, dem Weihnachtsfest. Doch auch auf dem Weg zu diesem großen Tag gibt es viele Gründe zur Freude, viele Anlässe, innezuhalten und ein kleines Fest zu feiern.

Von solchen Mini-Events handelt dieses Kapitel. Lassen Sie sich inspirieren, damit an den kürzesten Tagen des Jahres überraschend schöne Highlights Ihren Kindern Freude bereiten können!

## Adventskranz

»Erst eins, dann zwei, dann drei, dann vier, dann steht das Christkind vor der Tür.« In diesem allseits bekannten Vers werden gleich vier Highlights der Vorweihnachtszeit angesprochen: So ist es Brauch, an den vier Sonntagen vor dem Weihnachtsfest jeweils eine weitere Kerze des Adventskranzes anzuzünden. Und da am Sonntag alle etwas mehr Zeit haben als wochentags, bietet es sich an, jede neue Kerze mit einem kleinen Fest zu feiern. Dies kann z. B. ein gemütliches Kakaotrinken mit leckeren selbst gebackenen Köstlichkeiten sein, zu dem sich vielleicht auch Gäste einfinden. Das Entzünden der ersten oder einer weiteren neuen Kerze kann aber auch im Rahmen einer Familien-Bastelei, eines genüsslichen Bratapfelessens oder eines gemeinsamen Spielnachmittags stattfinden. Natürlich sollten auch Ihre Kinder ein Mitspracherecht bei der Gestaltung dieser kleinen Feiern haben oder sie – je nach Alter – sogar selbst planen. Also, versuchen Sie doch einfach mal, sich für jede neue Kerze bewusst in gemütlicher Runde zusammenzufinden!

## Adventskalender

Geschichtliches zum Adventskalender finden Sie auf den Seiten 74–75; Bastelideen erhalten Sie auf den Seiten 43–46.

Zu den winzig-kleinen täglichen Mini-Events gehört sicherlich das Öffnen des Adventskalenders. Ob der Kalender nun für Kinder oder gemeinsam mit Kindern für liebe Verwandte, Freunde oder Dezember-Geburtstagskinder gebastelt wird: Bereits das Selbermachen und natürlich erst recht das tägliche Öffnen beim Empfänger sorgen für reichlich vorweihnachtliche Freude. Und da die Freude umso größer erscheint, je weniger man sie erwartet, überlegen Sie doch gemeinsam mit Ihren Kindern, wen Sie in diesem Jahr mit einem selbst gebastelten Kalender überraschen können!

Im Folgenden finden Sie einige Füll-Vorschläge für die Modelle aus dem Kapitel »Jede Menge Kreatives«:

Alternativ können die Briefe auch jeden Tag im Briefkasten als »Adventspost« zu finden sein.

Der **Briefkalender** (s. S. 44) ist etwas für kleine Leseratten. Denn er eignet sich ausgezeichnet, schöne Geschichten und Gedichte aufzunehmen. Auch Rezepte für vorweihnachtliche Leckereien oder Bastelanleitungen lassen sich prima darin verbergen. Allerdings sollten Sie bei Letzteren stets darauf achten, dass der Tag, an dem das entsprechende Kuvert geöffnet wird, auch genügend freie Zeit zum Backen beziehungsweise Basteln bereithält. Beim Durchstöbern dieses Buches entdecken Sie jede Menge geeignetes Füllmaterial. Schreiben oder kopieren Sie die jeweiligen Texte auf ein DIN A4-Blatt und falten Sie dieses zweifach auf DIN A6 zusammen.

Gutscheine jeder Art sind für Kinder eine schöne Überraschung!

Der **Faltkalender** (s. S. 45) lässt seinen Inhalt nicht erahnen. So eignet er sich hervorragend zum Bestücken mit Gutscheinen für lauter schöne Aktionen, die Kindern Freude bereiten. Hier einige Beispiele:

- Zeitgutscheine: eine halbe oder ganze Stunde Ihrer Zeit zur freien Verfügung für eine Beschäftigung nach Wahl Ihres Kindes, so beispielsweise ein Spiel, eine Geschichte vorlesen, Basteln, etc.
- Eine halbe oder ganze Stunde später ins Bett
- Spielgutscheine (für ein Spiel nach Wahl oder ein Lieblingsspiel)
- Backgutscheine (Plätzchen, Bratapfel)
- Kinogutschein

- Überraschungsgutschein für eine winterliche Fahrt ins Blaue (z. B. auf den Weihnachtsmarkt)
- Videogutschein (zum Ausleihen eines besonderen Films)

Achten Sie darauf, dass die Anzahl der Puzzleteile der Geschicklichkeit und dem Alter Ihrer Kinder entspricht.

Natürlich können Sie im **Herzkalender** (s. S. 43) traditionell kleine Schleckereien verstecken, doch eignet er sich besonders zur Beherbergung von Puzzleteilen. Solch ein Puzzlekalender bedarf allerdings eines oder mehrerer puzzlefreudiger Bastler. Ein möglichst winterliches oder gar weihnachtliches Puzzle wird zu später Stunde heimlich vorgepuzzelt. Anschließend erfolgt die Aufteilung der jeweils zusammenhängenden Puzzleteile auf die 24 Herzen des Kalenders. Hierfür die zusammengehörenden einzelnen Teilchen am besten in Klarsichtfolie einpacken.

Nun kann das Puzzle-Motiv ab dem 1. Dezember von Tag zu Tag anwachsen, bis es schließlich am 24. vollständig vor dem Beschenkten liegt!

Falls Ihnen die Herstellung des Herzkalenders zu arbeitsintensiv ist, können Sie die zusammengehörenden Puzzle-Einzelteile auch einfach in 24 Seidenpapierquadrate oder weihnachtliche Servietten einpacken. Führen Sie hierzu die vier Ecken nach oben und binden Sie diese dann mit einem Band zusammen. Die so verpackten Teilchen lassen sich beispielsweise auf einen kleinen Deko-Schlitten oder in ein mit Tannenzweigen und Band verziertes Körbchen legen.

Übrigens: Solch ein Kalender kann auch sehr schön mit den Kindern für einen lieben Menschen, dem man im Advent eine besondere Freude bereiten möchte, gebastelt werden.

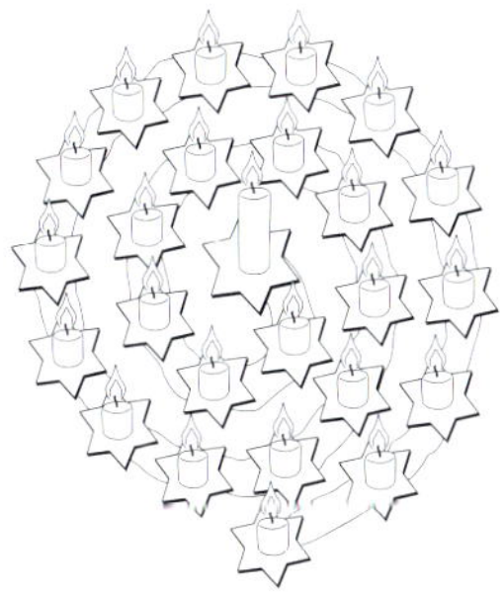

Gerade in der Adventszeit spielen Kerzen eine herausragende Rolle. Eben dies ist die Grundidee des **Lichterkettenkalenders** (s.S. 46), der zu Beginn für jeden Tag eine kleine Köstlichkeit enthält. Nach dem täglichen Entnehmen der Süßigkeit wird in das jeweilige Glas ein Teelicht gestellt. So strahlt der Lichterkettenweg von Tag zu Tag immer heller – und die geleerten Gefäße erhalten damit einen ganz neuen Sinn.

Dieser etwas andere »Kalender« hat den Vorteil, dass sich die Umsetzung der Inhalte gut planen lässt, da die Flasche immer erst am Vorabend gefüllt werden muss.

Auch die **Himmlische Flaschenpost** (s.S. 38–39) lässt sich ganz einfach zu einem Adventskalender umfunktionieren. Hierfür platzieren Sie die gestaltete Flasche dekorativ (etwa mit Tannenzweigen und ein paar Sternchen) auf der Fensterbank und bestücken sie jeden Abend heimlich – sie ist ja schließlich »himmlisch« – mit einer neuen Überraschung (z.B. einer Geschichte, einem Gedicht, einem Gutschein, einer Bastelanleitung, einem Mandala oder einem Rezept).

Damit Ihr Kind auch erkennen kann, dass sich die Zeit bis zum Weihnachtsfest von Leerung zu Leerung verkürzt, vermerken Sie einfach auf jeder Botschaft »Nun sind es noch ... Tage bis zum Weihnachtsfest!« Alternativ können Sie täglich einen neuen Papierstern mit der Zahl der verbleibenden Tage zur Flasche legen.

Eine ganz andere Möglichkeit, die Tage bis zum Fest zu zählen, bietet die Nachbildung des **Weges zum Stall von Bethlehem**. Im Advent befinden wir uns auf dem Weg zum Weihnachtsfest. Auch Maria und Josef befanden sich vor der Geburt Jesu auf einer Reise, deren Ziel der Stall von Bethlehem war. Eine Darstellung dieser Wegstrecke zur Krippe ist eine schöne Möglichkeit, Kindern zu veranschaulichen, was Advent bedeutet und wie lange es noch bis zum Weihnachtsfest dauert. Platzieren Sie zu diesem Zwecke den Krippenstall beispielsweise auf Ihrer Fensterbank. Legen Sie einen Moos- oder Stein-Weg (evtl. Folie unterlegen) aus, auf dem Sie gleichmäßig kleine Zettel mit den Ziffern 1 bis 24 verteilen. Maria und Josef rücken nun Tag für Tag ein Stückchen näher zur Krippe, bis sie dann am 24. Dezember ihr Ziel erreichen.

## Nikolausfest

Zur Geschichte dieses Heiligen s. S. 75–76.

Eigentlich ist der 6. Dezember schon etwas mehr als ein Mini-Event: Schließlich erfreut sich kein anderer Heiliger bei Kindern so großer Beliebtheit wie Sankt Nikolaus – und dies aus gutem Grund ... Am Vorabend erscheint in manchen Familien ein Nikolaus-Stellvertreter mit Sack und Rute, hält einen kleinen Vortrag und beschenkt die Kinder mit weihnachtlichen Süßigkeiten, Nüssen und kleinen Geschenken. In anderen Familien finden die Kleinen ihre Nikolausgaben auf einem Teller, einem Stiefel oder in einer besonderen Tüte (s. S. 30), die am Nikolausabend zum Füllen vor die Tür gestellt wurden.

Wie auch immer dieser Tag in Ihrer Familie begangen wird – erzählen Sie Ihren Kindern auf jeden Fall ein wenig aus dem Leben des Heiligen Nikolaus. Es gibt viele wunderschöne Legenden, die das eigentliche Geheimnis dieses Menschen erahnen lassen und verdeutlichen, warum wir auch in unseren Tagen seiner gedenken.

Vielleicht nutzen Sie den 6. Dezember auch als Anlass, im Familienkreis zu überlegen, wie sich heute diese für den Bischof von Myra so typische Freundlichkeit und Nächstenliebe weiterleben lässt: So beispielsweise ein freundliches Wort oder ein Lächeln, geduldiges Zuhören, Trost spenden, Sorgen erkennen, Streit schlichten, sich um Außenseiter kümmern oder jemanden verwöhnen ... Sicherlich fällt den Kindern noch viel mehr ein. Am besten schreiben Sie alles auf und besprechen gleich, wie Sie diese Vorsätze gemeinsam verwirklichen können.

## Weihnachten müsste man ...

Wer kennt diesen Stoßseufzer nicht? In den meisten Familien gibt es feste Weihnachtstraditionen. Das ist auch gut so, denn wir alle brauchen bestimmte wiederkehrende Rituale, an die wir uns halten können. Doch ab und zu beschleicht einen das Gefühl, wie schön es wäre, das ein oder andere zu ändern ... Und dies gilt ebenfalls für die Adventszeit. Auch hier ertönt des öfteren der Satzanfang »Eigentlich müsste man ...«. Ja, und wer sagt denn, dass man es nicht kann?

Setzen Sie sich zu Beginn der Vorweihnachtszeit beim Schein der ersten Adventskerze im Familienkreis zusammen und halten ein kurzes Brainstorming ab. Sammeln Sie auf zwei Zetteln unzensiert alles, was zum Thema »Weihnachten müsste man ...« bzw. »Im Advent müsste man ...« in den Raum geworfen wird. Wurden sämtliche Ideen notiert, so überlegen alle gemeinsam, welche sich davon in die Tat umsetzen lassen. Trifft dies für allzu viele Vorschläge zu, können diese auf kleine Zettel übertragen und nach dem Zufallsprinzip gezogen werden. Denn schließlich muss man ja nicht gleich alles auf den Kopf stellen ...

Ein oder zwei neue Impulse reichen bereits als Bereicherung für diese ganz besondere Zeit des Jahres. Also, trauen Sie sich doch einfach!

## Rund ums Schenken

Was wäre das Weihnachtsfest ohne Geschenke. Sicherlich haben auch Sie schon einmal gedacht: »Weihnachten müsste man einfach die ganze Schenkerei abschaffen!« Setzen Sie diese Idee besser nicht in die Tat um, denn das Fest würde dadurch einen Großteil seines Zaubers verlieren. Versuchen Sie stattdessen lieber, das Schenken gemeinsam mit Ihren Kindern ein wenig anders zu organisieren. Hier eine kurze Anleitung:

- langfristig planen
- gut zuhören (auch zwischen den Worten)
- mit Freude umsetzen
- kreativ verpacken
- liebevoll überreichen

Schenken darf niemals als Gütertransfer betrachtet werden, sondern als Ritual, welches die Bindung der Menschen untereinander stärkt. In unseren Geschenken bleiben wir in gewisser Weise beim Beschenkten. Wir sollten deshalb immer die Freude vor Augen haben, die wir dem anderen bereiten möchten. Dann ist das Schenken ein Zeichen von Liebe und lebendiger Beziehung.

Das Schenken kann stressfreier und damit liebevoller angegangen werden, wenn jeder nur noch ein Familienmitglied zu überraschen hat. Am Anfang der Adventszeit wird dazu von jedem ein Namenszettel gezogen. Jeder weiß nun, wen er beglücken darf, und kann sich ausgiebig um dieses eine Geschenk kümmern. Natürlich wird nicht verraten, wer wen beschenkt!

Schenken beginnt mit dem Bedenken. Und wenn Ihnen eine Geschenkidee durch den Kopf geht, so halten Sie diese am besten direkt schriftlich fest, um sie nicht entwischen zu lassen. Damit kann übrigens auch schon vor der Adventszeit begonnen werden. Ein kleiner Karteikasten mit Namenskarten leistet dafür sehr gute Dienste und hilft, gelassener an das Freudebringen heranzugehen.

Selbstgebasteltes ist oft sehr viel wertvoller als ein teures Präsent. Besonders Kindern bereitet es große Freude, ein Geschenk selbst zu gestalten. Im Kapitel »Jede Menge Kreatives« finden Sie viele Ideen, die je nach Alter und Geschicklichkeit ausgewählt werden können.

Die Fertigung der Geschenke für Familienmitglieder darf natürlich nur im Verborgenen erfolgen! Aber Hilfestellungen seitens Mutter, Vater oder älteren Geschwistern sind selbstverständlich erlaubt … Hauptsache derjenige, der überrascht werden soll, ahnt nichts von seinem Glück. Und Sie werden sehen: Kinder lieben Geheimnisse jeder Art, sodass die kleinen Bastelarbeiten im Handumdrehen zu einem ganz besonderen Mini-Event der Adventszeit werden!

Geschenke, die außer Haus gehen, lassen sich hingegen hervorragend während gemeinsamer Wochenendaktionen basteln. Und selbst wenn Geschenke gekauft werden, kann hieraus ein schönes Familienereignis werden – so beispielsweise als Ausflug zum Weihnachtsmarkt.

»Man sieht es der Gabe an, ob Liebe sie verpackte.« (Flämisches Sprichwort)

Ist alles gebastelt oder eingekauft, geht's ans Einpacken. Dies bereitet Groß und Klein fast ebenso viel Freude wie das Aussuchen oder Fertigen der Geschenke selbst, da jeder aus eigener Erfahrung weiß: Eine liebevolle Verpackung steigert die Vorfreude aller Beteiligten gewaltig!

Ein paar nette Worte, ein Spruch, ein Gedicht – Zum Geschenk überreicht, das ist einfach Pflicht!

In den Niederlanden ist es Brauch, zu jedem Geschenk ein kleines Gedicht zu verfassen. Warum also nicht mit den Kleinen einen Nachmittag verbringen, an dem um die Wette gereimt wird?

Liegen alle Geschenke, die außer Haus gehen, hübsch verpackt bereit, stellt sich jedes Jahr aufs Neue die Frage, wo sie bis zur Übergabe unbeschadet versteckt werden können. Doch wieso sollte man solch schön verpackte Gaben eigentlich verstecken? Falls Ihr Flur es zulässt, platzieren Sie dort einmal einen Weihnachtsgeschenke-Schlitten. Jedes Außer-Haus-Präsent, findet hier nun ein Plätzchen zur »Zwischenlagerung«. Ein wenig Deko-Schnee rundet diese originelle Aufbewahrung ab. So können alle Familienmitglieder den Anblick ihrer Werke noch einige Tage wohlwollend genießen, was vor allem Kindern großes Vergnügen bereitet. Zuweilen lässt sich in dieser Zeit auch beobachten, dass ein- und ausgehende Gäste einen verstohlenen Blick auf besagten Schlitten werfen. Sie wüssten wohl allzu gerne, ob dort auch etwas für sie bereitliegt. Aber das wird natürlich nicht verraten!

## Wichteln

Weihnachtszeit ist Wichtelzeit!

Das Wichteln ist eine ganz besondere Art des Schenkens. Wer bewichtelt wird, weiß nicht, von wem die Überraschungen kommen beziehungsweise wann er mit der nächsten kleinen Freude rechnen darf. Denn Wichtel arbeiten ausschließlich im Verborgenen!

Jeder Mitwirkende – ob in der Familie, unter Freunden, in der Kindergartengruppe oder in der Schulklasse – schreibt seinen Namen auf ein Blatt Papier. Sämtliche Zettel werden gesammelt, bevor reihum jeweils ein Name gezogen wird. Falls jemand seinen eigenen Zettel »erwischt«, wird dieser zurückgelegt und ein neuer gezogen. Der so ermittelte Wichtelpartner darf keinesfalls verraten werden. Nun macht sich jeder Gedanken, womit er den Gezogenen in aller Heimlichkeit erfreuen kann. Erst beim Weihnachtsfest oder am letzten Tag im Kindergarten beziehungsweise in der Schule wird verraten, wer wen beschenkt hat. Bestimmt hat der eine oder andere schon etwas geahnt …

Noch geheimnisvoller ist es, wenn im Familienkreis beschlossen wird, gemeinsam einen bestimmten oder aber einsamen Menschen zu bewichteln. Dieses ganz und gar selbstlose Wichteln bereitet besondere Freude, zumal der mit Kleinigkeiten Beschenkte in diesem Falle wirklich nicht ahnen kann, woher die Überraschungen stammen!

## Glücksmomente sammeln

Kennen Sie das auch? Da ist etwas misslungen, da hat man etwas aus Zeitgründen nicht geschafft, da gab es ein Wortgefecht, da hat uns jemand enttäuscht, weil er sich nicht gemeldet oder ein Versprechen nicht gehalten hat – und schon ist der ganze Tag verdorben ... Unsere Gedanken kreisen immer wieder um dieses eine negative Erlebnis, obwohl sich zwischenzeitlich sicherlich auch Positives ereignet hat. So gibt es unendlich viele Gründe, sich Tag für Tag die Laune verderben zu lassen, denn wir sind viel eher bereit, uns auf Ärgernisse als auf kleine Freuden im Tagesablauf zu konzentrieren. Auch bei Kindern ist dieses Phänomen leider schon oft zu beobachten.

Wenn sich alle erst einmal an das Glücksmoment-Sammeln gewöhnt haben, kann es durchaus passieren, dass der ein oder andere Stern gleich nach der Heimkehr Ihrer Kinder aus dem Kindergarten oder der Schule aufgehängt werden muss. Auch das sollte natürlich möglich sein!

Nutzen Sie die Adventszeit einmal dazu, den Blickwinkel bewusst in Richtung Freude zu lenken. Halten Sie an jedem Abend eine kurze Tagesrückschau gemeinsam mit Ihren Kindern. Lassen Sie den Ärger links liegen und suchen Sie nach den großen oder winzigen Freudenmomenten des Tages. Ein nettes Wort, eine freundliche Geste, eine schöne Überraschung, eine besonders gelungene Arbeit, ein schönes Spiel mit Freunden, eine gemeinsame Familienaktion – es gibt sicherlich einiges, was sich lohnt, bedacht zu werden. Suchen Sie zusammen den oder die Glücksmomente heraus, die eine Auszeichnung verdienen.

Anstelle des Tonpapiers können Sie auch Window-Color-Farben verwenden, um das am Fenster stetig zunehmende Sternenmeer zu gestalten.

Diese Auszeichnungen bestehen aus Sternen, die aus gelbem Tonpapier ausgeschnitten und mit doppelt geschlagenem Klebefilm am Fenster befestigt werden. Die Sterne können Sie in einer kleinen selbstgebastelten Tüte (s. S. 30), die Sie mit Heißkleber an einer Mini-Staffelei (aus dem Hobbyfachhandel) befestigen, bereithalten. Dazu wird eine Faltkarte gestellt, um die auserwählten Ereignisse zu notieren. Dies ist zugleich eine schöne Dekoration und ein späteres Erinnerungsstück an die mit Glücksmomenten gespickte vergangene Adventszeit.

## Adventsfrühstück

Ein gemütliches Adventsfrühstück gehört ebenfalls zu den Highlights der Vorweihnachtszeit. Überlegen Sie mit Ihren Kindern, wer alles kommen soll und sich über eine Einladung besonders freut.

Sodann fertigen Sie gemeinsam schöne Einladungskarten und verschicken Sie diese an die Auserwählten. Um ohne großen Aufwand ein interessantes Programm für die Zeit nach dem Frühstück zu gestalten, können Sie die Gäste in der Einladung bitten, ihr Lieblingsgedicht oder -lied ebenso wie Fotos von früheren weihnachtlichen Festen mitzubringen.

Nun beratschlagen Sie gemeinsam, was aufgetischt und somit eingekauft beziehungsweise selbst hergestellt werden soll. Natürlich gehört auch eine festliche Tischdekoration dazu. Der Adventskranz kann passend zum Anlass in der Mitte des Tisches platziert werden – für Kerzen und Blumenschmuck ist somit schon gesorgt. Anleitun-

Um Arbeitsaufwand und Kosten auf mehrere zu verteilen, ist es auch möglich, dass die Gastgeber lediglich Räumlichkeiten und Getränke stellen, während die Eingeladenen für leckere Frühstücksköstlichkeiten sorgen. Das ergibt dann das ganz besondere Frühstücks-Überraschungsbüffet!

gen für das Falten von Servietten und die Gestaltung von Tischkärtchen finden Sie auf den Seiten 40 bis 42. Kaffeetassen bieten übrigens ein prima Versteck für eine süße weihnachtliche Überraschung, wenn sie umgedreht auf der Untertasse platziert werden. Eine von den Kindern zusammengestellte Kassette mit den schönsten Weihnachtsliedern sorgt für die musikalische Untermalung.

Nun kann das Frühstück beginnen. Haben sich die Gäste an ihren Platz gesetzt, lassen Sie erst einmal das Streichholz, um die Kerzen des Adventskranzes anzuzünden, suchen. Dieses wurde zuvor irgendwo auf dem Frühstückstisch versteckt. Beim strahlenden Schein der Adventskranzkerzen werden anschließend die Überraschungen unter den Tassen in Augenschein genommen, und dann beginnt das gemütliche Frühstück.

Sind alle gestärkt, können die mitgebrachten Gedichte vorgetragen, die Lieblingslieder gesungen und die Fotos angeschaut werden. Schön, wenn auch Großeltern dabei sind, die erzählen können, wie früher gefeiert wurde!

Ein solches Frühstückserlebnis ist auf jeden Fall eine bleibende Erinnerung für Klein und Groß. Und wer weiß? Vielleicht entsteht daraus sogar ein jährlich wiederkehrendes Adventstreffen, das jeweils von einer anderen Familie ausgerichtet wird!

## Weihnachtspost

Eigenhändig gestaltete Weihnachtskarten bereiten gleich zweimal Freude: einmal bei der Herstellung und natürlich erst recht beim Adressaten!

Den Briefkasten leeren, Weihnachtspost entdecken, sie erwartungsvoll öffnen, eine liebevoll gestaltete Karte oder einen handgeschriebenen Brief entnehmen und das Gefühl genießen, da hat jemand an uns gedacht – auch das gehört zur Vorweihnachtsfreude für die ganze Familie. Natürlich sollte solch ein geschriebenes Geschenk einen Ehrenplatz erhalten: Eine selbst gedrehte Kordel oder ein Geschenkband senkrecht beziehungsweise waagerecht an der Wand befestigt ist eine ideale Vorrichtung, um aus den erhaltenen Karten eine ausgefallene Dekoration zu machen. Zum Aufhängen können beispielsweise Miniwäscheklammern aus dem Spielzeugladen oder Donauklammern vom Raumausstatter benutzt werden.

Aber nicht nur eingehende Weihnachtspost bereitet Freude, sondern auch das Basteln, Schreiben und Auf-den-Weg-bringen eigener Weihnachtsgrüße stimmen uns auf das Fest ein. Überlegen Sie gemeinsam mit Ihren Kindern – z. B. bei einem gemütlichen Stelldichein rund um den Adventskranz – wer in diesem Jahr bedacht werden soll. Bastelideen finden Sie beispielsweise auf den Seiten 34 bis 38. Suchen Sie eine Karte aus, die allen gefällt – und dann geht's auf in den Bastelspaß. Jede Karte wird mit einem passenden Weihnachtsgruß versehen und kann sich, wenn sie früh genug fertig gestellt wurde, noch ein paar Tage auf einem Sideboard oder in einer Schranknische zur Ansicht tummeln. Dann wird alles auf den Weg gebracht – ein untrügliches Zeichen dafür, dass der große Tag kurz vor der Tür steht und auch uns bald liebe Grüße erreichen werden.

## Wunschzettel

Neben der Weihnachtspost gibt es noch etwas, was unbedingt geschrieben werden möchte – der Wunschzettel! Stellen Sie den Kindern hierbei alles zur Verfügung, was Sie zur Gestaltung und Verschönerung dieses wichtigen Schriftstücks benötigen. Dazu gehören Papier, Buntstifte, evtl. Embossing-Werkzeuge oder Materialien für das Schablonen-Stempeln, ein Katalog und eine Schere zum Ausschneiden der gewünschten Gegenstände, Kleber – und nicht zuletzt Ihre helfenden Hände.

Vielleicht ergibt sich bei diesem Mini-Event ein Gespräch darüber, ob es sinnvoll ist, dass alle Wünsche erfüllt werden. Denn was wäre, wenn wir keine Wünsche mehr hätten? Vielleicht können Sie auch darüber sprechen, dass es nicht nur materielle Wünsche gibt. Wurde dieses Thema bereits im Kindergarten oder in der Schule angesprochen, so lässt es sich zu dieser Gelegenheit sicherlich noch einmal vertiefen.

Sammeln Sie die Wunschzettel Ihrer Kinder an einem geheimen Ort in einem besonderen Ordner oder in einer Schachtel. Sie sind eine wunderschöne Erinnerung an die Kinderzeit und ein originelles Geschenk zum Eintritt in das Erwachsenenalter, dem 18. Geburtstag.

Was geschieht nun mit dem fertigen Wunschzettel? Hier zwei Vorschläge: Einige Tage vor dem Weihnachtsfest wird der Wunschzettel in einem schön gestalteten Kuvert auf der Fensterbank platziert, damit ihn der zuständige Geschenke-Engel des Nachts zum Christkind bringen kann. Am nächsten Morgen wird natürlich sofort nachgeschaut und – wer hätte es für möglich gehalten – der Wunschzettel ist auf und davon ... Oder die Kinder legen den Wunschzettel in einen für den Nikolaus aufgestellten Stiefel oder Teller. Am nächsten Morgen ist die Freude entsprechend groß, wenn Stiefel oder Teller gefüllt sind, während der Wunschzettel in himmlische Sphären entschwunden ist!

Auch wenn Ihre Kinder nicht mehr an den Nikolaus oder das Christkind glauben, kann dieses Ritual natürlich weiterhin zur allgemeinen Freude beibehalten werden.

## Insel der Stille

**Nimm dir Zeit**
Lass doch das Hetzen, lass doch das Eilen –
nimm dir mal etwas Zeit zum Verweilen.
Versuch es gleich heute, dann wirst du seh'n,
die Zeit, sie wird viel langsamer vergeh'n.
Gönn' dir die Ruhe, sei bei dir zu Haus –
lauf nicht immer weg, reiß nicht wieder aus.
Genieß jeden Moment, lebe im Jetzt –
das ist viel schöner, als wenn du nur hetzt.

Trotz guter Vorsätze erleben wir die Adventszeit häufig als eine Zeit der hektischen Betriebsamkeit. Die Luft ist geladen mit Nervosität und die »Wie-soll-ich-das-alles-nur-schaffen-Momente« werden immer häufiger. Auch auf Kinder färbt die Hektik der Zeit natürlich ab – Grund genug, um ab und an die Flucht zu ergreifen und gemeinsam auf die Insel der Stille zu verreisen ...

Die folgende Entspannungsübung schafft im Nu ein wenig Abstand zum Alltag: Sorgen Sie als Erstes für eine gemütliche Beleuchtung, indem Sie Kerzen oder eine Schüssel mit Mandarinenschiffchen (s. S. 23) in die Mitte der Runde stellen.

Alle, die sich gerne entspannen möchten, sitzen in einem Stuhlkreis. Die Füße sind auf dem Boden aufgestellt, die Hände liegen locker auf den Oberschenkeln. Die Augen sind geschlossen. Nun wird der folgende Text langsam und ruhig vorgelesen. Achten Sie dabei auf ausreichende Pausen zwischen den Sätzen, damit genügend Zeit bleibt, sich auf die Worte einzulassen und sich die beschriebenen Bilder vorzustellen.

Ich atme tief ein und aus.
Und noch einmal tief ein und aus.
Ich spüre, wie der Atem durch meinen Körper strömt.
Ich atme noch einmal tief ein und aus.
Nun gehe ich langsam in meinen eigenen, natürlichen Atemrhythmus über.

Meine Reise beginnt.
Ich breche auf zur Insel der Stille.
Dazu verlasse ich die laute Straße und gehe über einen verschneiten Waldweg.
Der Lärm bleibt zurück.
Meine Schritte werden ruhiger.
Mein Atem ist gleichmäßig.
Ich gelange an eine kleine Brücke.
Über sie erreiche ich die Insel der Stille.
Hier ist es ganz ruhig, und die Luft ist herrlich klar.
Ich genieße die Stille der wunderschönen Winterlandschaft.
Hier fühle ich mich rundherum wohl.
Ich bin vollkommen entspannt.
Mein Atem ist ruhig und gleichmäßig.
Ich nehme die tiefe Stille und die herrlichen Bilder in mich auf.

Langsam muss ich an den Rückweg denken.
Über die Brücke verlasse ich nun die Insel und kehre über den Waldweg zurück in den Alltag.
Die Stille ist noch bei mir.
Sie begleitet mich und gibt mir tiefe Ruhe.

Fordern Sie nun die Kinder auf, langsam die Augen zu öffnen und sich kräftig zu recken und zu strecken. Lassen Sie sich kurz berichten, was auf der Reise erlebt wurde.

Den Text zu dieser kleinen Entspannungsreise können Sie Ihren Kindern als Flaschenpost von der Insel der Stille präsentieren – denn einer Botschaft von solch interessanter Herkunft wird sicherlich gerne gelauscht ... Schreiben Sie den Text hierzu auf ein DIN A5-Blatt.

Rollen Sie dieses so weit ein, dass es durch einen Flaschenhals passt, und binden Sie ein kleines Band um die Rolle. Kleine Streusterne dienen als Dekoration und werden mit dem gerollten Text in die Flasche gefüllt. Anschließend die Flasche verkorken. Besitzen Sie Siegellack, können Sie um Korken und Flaschenhals ein Band verknoten und darauf den flüssigen Siegellack tropfen. Abschließend die Flasche von außen mit Window-Color-Sternen verzieren.

Die Reise zur Insel der Stille eignet sich im Übrigen auch als ideale Einleitung für die nachfolgend beschriebene Geschichtenparty.

## Geschichtenparty

Kinder lieben es, wenn erzählt oder vorgelesen wird. Grund genug, ihnen dieses Vergnügen in der Adventszeit in einem etwas größeren Rahmen zu gönnen! Sprechen Sie mit Ihren Kindern ab, wer zu solch einer Geschichtenparty eingeladen werden soll.

Bitten Sie die Gäste gleich mit der Einladung, weihnachtlichen Lesestoff zum Vorlesetreff mitzubringen. Am besten halten Sie aber selbst vorsorglich ein paar in die Zeit passende Texte bereit (s. S. 78–87).

Als stimmungsvolle Dekoration können Sie Mandarinenschiffchen (s. S. 23) in einer großen Schüssel schwimmen lassen, Windlichter basteln (s. S. 22) oder den Adventskranz in der Mitte der Gästeschar platzieren. Natürlich gehören auch weihnachtliche Leckereien und Glühsaft oder Kakao zu solch einem gemütlichen Stelldichein (s. S. 67–72).

Falls Sie beim Vorlesen beobachten, dass Ihrem oder einem anderen Kind eine bestimmte Geschichte besonders gut gefällt, vermerken Sie doch das entsprechende Buch gleich auf Ihrem Weihnachtsgeschenke-Einkaufszettel oder geben Sie den Tipp an die Mütter der anderen Kinder weiter. Sie werden Ihnen gewiss dankbar sein!

Sind die Kinder kleiner, muss das Vorlesen von einem Erwachsenen übernommen werden. Handelt es sich hingegen um Schulkinder, kann abgestimmt werden, ob ein Erwachsener oder sie selbst das Vorlesen übernehmen. Und dann beginnt der Geschichtenspaß! Vielleicht wird über die ein oder andere Geschichte auch hinterher noch ein wenig gesprochen.

Lässt die Konzentration spürbar nach, können die Kinder zu Stiften und Papier greifen und – falls sie mögen – ein Bild zu einer für sie besonders schönen Geschichte malen. Die Kunstwerke werden dann anschließend aufgehängt und gebührend bestaunt.

Als Alternative zum Malen kann nach dem Vorlesen auch gespielt werden. Hierzu bieten sich der »Geschichtenzauber« (s.S. 17) oder die »Kreisgeschichten« an (s.S. 16).

## An Türen klopfen

Je nach Alter der Kinder können diese die Anklopfaktion auch schon alleine starten.

Türen spielen in der Adventszeit eine ganz besondere Rolle. Da sind z.B. die zahlreichen Türen, an die Maria und Josef klopfen mussten, bevor sie den Stall von Bethlehem und damit ihre Unterkunft erreichten. In einem alten Weihnachtslied singen wir »Macht hoch die Tür, die Tor macht weit« oder aber in dem Lied »Kling Glöckchen, klingelingeling« heißt es »öffnet mir die Türen, lasst mich nicht erfrieren«. Nicht zuletzt wird jeden Tag ein Türchen des traditionellen Adventskalenders geöffnet und natürlich hat auch die Tür zum Weihnachtszimmer ihren ganz besonderen Zauber.

Darüber hinaus gibt es aber auch Türen ganz anderer Art, die sich öffnen lassen – so die Tür zum Herzen eines Mitmenschen, den wir mit einem unerwarteten Besuch und ein wenig Zeit überraschen. Am besten beratschlagen Sie gemeinsam mit Ihren Kindern, wer sich über ein unerwartetes Anklopfen freuen könnte. Vielleicht gibt es da eine einsame Nachbarin oder einen alten Nachbarn, einen Bekannten im Altersheim oder eine Verwandte im Krankenhaus, eine neue Schulkameradin oder einen kranken Mitschüler ...

Das Kostbarste, was man mitbringen kann, ist sicherlich ein wenig freie Zeit. Darüber hinaus eignen sich auch selbst gebackene Plätzchen, kleine Bastelarbeiten ebenso wie eine besonders schöne Geschichte als Mitbringsel. Oder aber Sie bringen eine Kerze mit! Denn diese strahlt genau das aus, was man mit dem Besuch erreichen möchte – sie bringt ein wenig Helligkeit in das Leben des anderen.

## Außer-Haus-Erlebnisse

Nicht nur zu Hause, sondern auch draußen lassen sich vorweihnachtliche Highlights erleben. Hierzu gehört sicherlich die Begrüßung des ersten Schnees während eines ausgedehnten Spazier-

Schneeidee für die Dämmerstunde: Zaubern Sie kleine Leuchtbälle aus Schnee, indem Sie Schneebälle formen. In die Mitte wird jeweils eine Vertiefung gedrückt, in die Sie ein Teelicht setzen. Diese Lichtbälle können dann auf der Fensterbank platziert und aus der warmen Wohnung beobachtet werden.

ganges. Ein unvergessliches Erlebnis für Kinder ist, Schneeflocken einmal unter einem Vergrößerungsglas zu betrachten.

Ein ganz anderes Außer-Haus-Event ist der gemeinsame Besuch eines Weihnachtsmarktes. Ob Sie nun immer den gleichen oder jährlich einen anderen Ort ansteuern, bei solch einem Besuch kommen sowohl Kinder als auch Erwachsene auf ihre Kosten. Dieser Ort lässt sich mit allen Sinnen genießen. Taucht man im Strom der Masse unter, dringen die unterschiedlichsten Klänge an die Ohren; ein Duftgemisch aus gebrannten Mandeln, Esskastanien, frischen Waffeln, Würstchen und Glühwein steigt in die Nasen und das ein oder andere davon wird natürlich auch verzehrt. Es gibt jede Menge Typisches oder auch Ausgefallenes zum Schauen und Bestaunen. Wieder zu Hause, kann zum Abschluss dieses schönen Ausflugs das Spiel »Auf dem Weihnachtsmarkt« (s. S. 15) gespielt werden.

Vielerorts sind in der Vorweihnachtszeit in Kirchen oder Museen Krippenausstellungen zu besichtigen. Auch sie sind ein interessantes Ziel für einen Familienausflug.

Wie auch immer Ihr Tannenbaum in den vergangenen Jahren zu Ihnen gekommen ist, gestalten Sie doch in diesem Jahr seine Beschaffung als Mini-Event. Starten Sie an einem Samstag zu einer gemeinsamen Tannenbaum-Such-Aktion. Laden Sie dazu Großeltern, Tanten, Onkel oder Freunde ein. In warmer Kleidung und wetterfestem Schuhwerk, bewaffnet mit leckeren, selbst gebackenen Plätzchen, Bechern und einer Thermoskanne mit etwas Warmem geht es gemeinsam auf in den Wald. Natürlich nicht irgendwohin, sondern dorthin, wo Tannenbäume verkauft werden. Nun beginnt die Suchaktion nach den ultimativen Weihnachtsbäumen. Stöbern Sie durch die nadelige Pracht, und suchen Sie sich den Baum Ihrer Wahl aus. Die Bäume, die in die engere Wahl kommen, erhalten mitgebrachte Familien-Schleifchen in unterschiedlichen Farben. Legen Sie zwischendurch eine kleine Suchpause ein und gönnen Sie sich die mitgebrachte süße beziehungsweise warme Stärkung. Anschließend werden die ausgesuchten Bäume nochmals begutachtet und verladen. Ab jetzt gilt: »Es ist unser Baum!« Welche versteckten Mängel er auch im Nachhinein aufweisen wird, er ist ein besonderer Baum, nämlich der Familienbaum des Jahres – und niemand darf meckern!

# Leckeres selbst gemacht

In der Adventszeit ist es immer ein beeindruckendes Schauspiel, wenn das Abendrot am Himmel kräftig leuchtet. Und der kindliche Glaube, dass dort oben die Engelchen ihren Ofen angeworfen haben und fleißig dabei sind, die leckersten Weihnachtsplätzen zu backen, verliert auch im Erwachsenenalter nichts von seinem Zauber.

Das Plätzchenbacken ist eine traditionelle, aber auch aufwendige Beschäftigung in der Adventszeit. Deshalb sollten für die Backnachmittage mit den Kleinen immer genügend Zeit und relativ einfache Rezepte vorhanden sein. Die folgenden Anleitungen für Weihnachtsgebäck und sonstige Leckereien sind mit geringem Aufwand umzusetzen, sodass das Nacharbeiten – und natürlich auch das Schlemmen – viel Freude bereitet. Die Plätzchen eignen sich übrigens nicht nur für den Eigenbedarf, sondern auch als nettes Mitbringsel zum Adventsbesuch. Darüber hinaus können die kleinen Bäcker ihre selbst gemachten Leckereien – in Klarsichtfolie verpackt und mit einem kleinen Tannenzweig dekoriert – an liebe Mitmenschen als Weihnachtspräsent überreichen.

Also, auf ins Backvergnügen, damit schon bald ein wunderbar weihnachtlicher Duft Ihr Zuhause durchströmt!

Damit die Plätzchen bis zum Verzehr schön knusprig bleiben, werden sie am besten in gut verschlossenen Blechdosen gelagert. Verschiedene Gebäcksorten können Sie durch jeweils eine Lage Pergamentpapier trennen.

125 g Butter bzw. Margarine,
100 g Zucker,
1 Päckchen Vanillinzucker, 1 Ei,
125 g Weizenmehl,
75 g Mondamin,
6 g (2 gestr. Teel.) Backpulver,
100 g Kokosraspeln

Backzeit:
ca. 10 Minuten
E-Herd: 180–200°
Umluft: 160–180°
Gas: 5 Min. vorheizen, Stufe 3–4

## Kokosberge

Butter oder Margarine mit dem Zucker und Vanillinzucker nach und nach schaumig rühren.

Das Ei hinzugeben. Weizenmehl, Mondamin und das Backpulver mischen, sieben und esslöffelweise unterrühren. Die Kokosraspeln unter den Teig heben.

Nun den Teig mit 2 Teelöffeln häufchenweise auf ein mit Backpapier ausgelegtes Backblech setzen.

2 halbierte, entkernte Äpfel (Boskop oder Cox Orange), etwas Butter,
2 gehäufte El gehackte/gemahlene Wal- oder Haselnüsse bzw. Mandelblättchen,
100–120 g Marzipanrohmasse,
Zimt, Bourbonvanille, 1–2 El heißes Wasser

Backzeit:
ca. 20–30 Minuten
E-Herd: 220°
Umluft: 180°
Gas: 5 Min. vorheizen, Stufe 4

## Bratäpfel

Äpfel waschen, halbieren und das Kerngehäuse entfernen. Die Schale mit Butter einreiben.

Die Zutaten und etwas Butter mit einer Gabel zu einer geschmeidigen Masse zerdrücken und vermengen. Die Apfelhälften damit bestreichen.

In eine offene Auflaufform oder auf ein mit Backpapier ausgelegtes Backblech legen und in den Ofen geben. Nach Belieben mit Vanillesoße servieren.

Übrigens sind die Zutaten zum Bratapfel zusammen mit einem von Kinderhand geschriebenen und verzierten Rezept ein ganz besonderes Weihnachtsgeschenk!

## Bunte Vanilleplätzchen

125 g Butter, 125 g Zucker, 3 Päckchen Vanillinzucker, 1 Prise Salz, 2 Eier, 2–3 Esslöffel Milch, 250 g Mehl, 1/2 Päckchen Backpulver, 250 g Puderzucker, 75 g bunte Schokolinsen, 25 g Liebesperlen, 50 g bunte Zuckerperlen

Backzeit: ca. 10–12 Minuten
E-Herd: 200°
Umluft: 175 °
Gas: 5 Min. vorheizen, Stufe 3

Butter, Zucker, Vanillinzucker und Salz schaumig rühren. Eier nach und nach zufügen. Milch unterrühren. Mehl und Backpulver mischen, zufügen und alles zu einem glatten Teig verrühren. Rührteig in einen Spritzbeutel mit Formtülle Ihrer Wahl füllen.

Backblech mit Backpapier auslegen, kleine Tuffs spritzen und im vorgeheizten Backofen backen.

Plätzchen anschließend gut auskühlen lassen. Puderzucker mit drei bis vier Esslöffeln Wasser glatt verrühren, Plätzchen damit gleichmäßig bestreichen. Nach Belieben verzieren und trocknen lassen.

## Sterntaler

190 g weiche Butter, 90 g Zucker, 1 Prise Salz, 4 Eigelb, 1 Vanilleschote, 250 g Mehl, 40 g Hagelzucker

Backzeit: ca. 20 Minuten
E-Herd: 200°
Umluft: 160°
Gas: 5 Min. vorheizen, Stufe 3

Die Butter in kleine Stückchen in eine Schüssel geben. Den Zucker, das Salz und 3 Eigelbe hinzufügen. Die Vanilleschote längs aufschlitzen, das Mark herausschaben und dazugeben. Alles mit den Quirlen des Handrührgerätes schaumig rühren.

Das Mehl dazusieben und alles rasch zu einem glatten, geschmeidigen Teig verkneten. Diesen Butterteig etwas flach drücken, in Klarsichtfolie einschlagen und etwa eine Stunde im Kühlschrank ruhen lassen.

Die Arbeitsfläche mit Mehl bestäuben und den Teig mit dem Teigroller etwa 1/2 cm dünn ausrollen. Mit einem Stern-Ausstechförmchen den Teig ausstechen. Die Sterne im Abstand von etwa 3 cm auf ein mit Backpapier ausgelegtes Backblech legen. Die Teigreste immer wieder zusammenkneten, ausrollen und ausstechen. Das letzte Eigelb mit dem Backpinsel etwas verrühren und die Sterne dünn damit bestreichen. Vorsichtig mit dem Hagelzucker bestreuen und in den Ofen geben.

Die goldbraun gebackenen Plätzchen auf ein Kuchengitter legen und auskühlen lassen.

## Schokoladenkipferl

200 g Mehl, 180 g weiche Butter, 80 g Zucker, 1 Prise Salz, 100 g gemahlene Haselnusskerne, 50 g Bitterschokolade, Mehl für die Arbeitsfläche, Puderzucker zum Bestreuen

Backzeit: ca. 20 Minuten
E-Herd: 175°
Umluft: 150°
Gas: 5 Min. vorheizen, Stufe 2

Das Mehl auf die Arbeitsfläche sieben. Die Butter in kleinen Flöckchen, den Zucker, das Salz und die gemahlenen Haselnüsse hinzufügen. Die Schokolade fein reiben und dazugeben. Alle Zutaten zu einem glatten Teig verkneten.

Die Teigkugel in Klarsichtfolie einschlagen und eine Stunde im Kühlschrank ruhen lassen.

Die Arbeitsfläche mit Mehl bestäuben und den Teig nochmals durchkneten. Nun aus dem Teig fingerdicke, ca. 7 cm lange Rollen formen. Diese dann zu halbrunden Hörnchen im Abstand von etwa 3 cm auf ein mit Backpapier ausgelegtes Blech legen und in den Ofen geben.

Nach dem Backen auf einem Kuchengitter auskühlen lassen und mit Puderzucker bestäuben.

## Mandelknusperchen

200 g Schokolade (weiß, Vollmilchschokolade oder Kuvertüre), 200 g Mandelstifte

Eine Porzellanschüssel in einen bis zur Hälfte mit Wasser gefüllten Topf stellen. Die in Stückchen gebrochene Schokolade in die Schüssel geben. Das Wasser auf Stufe 1 so lange erhitzen, bis die Schokolade geschmolzen ist.

Die Schüssel aus dem Wasser nehmen und die Mandelstifte unter die Schokolade mischen.

Mit 2 Teelöffeln Portionen (so groß, dass Sie in Pralinentütchen beziehungsweise Konfekttüten passen) auf das Backpapier setzen.

Die Mandelknusperchen über Nacht in einem kühlen Zimmer trocknen lassen. Dann in die Pralinentütchen oder Konfekttüten geben.

Saft von 1/2 Zitrone, etwas Puderzucker, Butterkekse, Pralinen (eckig) oder Dominosteine, Schokolinsen bzw. Liebesperlen

## Kekshäuser

Saft von einer halben Zitrone mit so viel Puderzucker verrühren, dass eine dickflüssige Masse entsteht.

Auf die Mitte eines Butterkekses mit dem Pinsel etwas Zuckerglasur geben und die Praline oder den Dominostein fixieren (klebt nach einiger Zeit fest).

Einen zweiten Butterkeks mithilfe des Küchenmessers und des Lineals in der Mitte anritzen. Den Keks an dieser Stelle vorsichtig auseinander brechen. Die beiden Stücke als Dach mit Zuckerglasur auf der Praline befestigen.

Die Kekshäuser nach Belieben mit Zuckerguss, Puderzucker und Schokolinsen oder Liebesperlen etc. dekorieren.

## Waffelkerzen

Saft von 1/2 Zitrone, etwas Puderzucker, Schokoringe mit bunten Streuseln, Waffelröllchen, ganze Mandeln

Saft von einer halben Zitrone mit so viel Puderzucker verrühren, dass eine dickflüssige Masse entsteht. Die weihnachtlichen Schokoringe auf das Backpapier legen. Waffelröllchen mit dem einen Ende in die Puderzuckermasse stippen und in die Ringe stellen.

Die Mandeln mit Puderzuckermasse als »Kerzenflamme« auf die Waffelröllchen kleben. Fertig ist die Kerze! Aufgepasst: Die Puderzuckermasse muss ausreichend trocknen, damit die Kerze nicht umkippt.

## Glühsaft für Kinder

1/2 l Wasser, 1 Beutel Kirschtee, 1 Beutel Glühweingewürz, 1/2 l Orangensaft (ohne Zucker), 1/2 l Apfelsaft naturtrüb (ohne Zucker), 1/2 l Kirschsaft, 1 Päckchen Vanillinzucker, 2 Tl Honig

Die beiden Beutel mit kochendem Wasser übergießen und ca. fünf Minuten ziehen lassen.

Säfte zum Tee hinzugießen und langsam erhitzen (nicht kochen lassen). Abschließend Vanillinzucker und Honig im Glühsaft auflösen.

## Brezeln

500 g Weizenmehl, 6 g (2 gestr. Teel.) Backpulver, 150 g Zucker, 1 Päckchen Vanillinzucker, 2 Eier, 250 g kalte Butter, Milch und Zucker zum Dekorieren

Backzeit: ca. 8–10 Minuten
E-Herd: 180–200°
Umluft: 160–180°
Gas: 5 Min. vorheizen, Stufe 3–4

Weizenmehl und Backpulver mischen, auf eine Tischplatte sieben und in der Mitte eine Vertiefung eindrücken.

Zucker, Vanillinzucker sowie die Eier in die Vertiefung hineingeben und mit einem Teil des Mehls zu einem dicken Teig verarbeiten.

Die Butter in Stücke schneiden, auf den Teig geben und mit Mehl bedecken. Nun von der Mitte aus alle Zutaten schnell zu einem glatten Teig verkneten. Sollte er kleben, ihn eine Zeit lang kalt stellen.

Nun aus dem Teig bleistiftdicke Rollen formen, zu Brezeln legen, mit Milch bestreichen, in Zucker drücken und auf ein mit Backpapier ausgelegtes Backblech legen.

# Traditionelles

Wie kaum eine andere Zeit im Jahreslauf sind die Wochen vor Weihnachten geprägt von Traditionen und Bräuchen. Ob Adventskranz, Tannenbaum oder Nikolaus und Sankt Barbara: Jahr für Jahr freuen wir uns von neuem auf lieb gewonnene Rituale, welche der Adventszeit ihren besonderen Charme verleihen.

Doch wie so oft bei alten Bräuchen wissen wir häufig viel zu wenig über ihre Herkunft und Geschichte. Deswegen finden Sie in diesem Kapitel kurze Erläuterungen, die Kindern den Ursprung einiger Traditionen erklären.

## Adventskalender

Wusstet ihr, dass es unseren heutigen Adventskalender erst seit 1903 gibt? Da druckte Gerhard Lang in München das erste Exemplar in Erinnerung an seine Mutter. Diese hatte sich für ihren Sohn ein außergewöhnliches Geschenk ausgedacht und 24 Kekse auf einem Karton befestigt, um ihm die Wartezeit auf das Christkind zu versüßen. Als Herr Lang bereits erwachsen war, erinnerte er sich immer wieder gerne an diese Idee zurück. Warum sollten andere

Kinder nicht auch auf ähnliche Weise überrascht werden? Gedacht, getan! So entstanden die ersten Kalender mit 24 hübschen Bildern, die sich Tag für Tag öffnen ließen. Und viel schneller als erwartet, wurde diese Erfindung zu einem großen Erfolg, der bis heute andauert ...

## Adventskranz

Advent, Advent,
ein Lichtlein brennt;
erst eins, dann zwei,
dann drei, dann vier;
dann steht das
Christkind vor der Tür.

Der Erfinder des Adventskranzes heißt Johann Heinrich Wichern. Anfang des 19. Jahrhunderts gründete er ein Waisenhaus für Kinder und Jugendliche. Er gab ihnen jene Liebe und Geborgenheit, die sie bislang vermissen mussten. Um den Bewohnern seines Heimes eine besondere Überraschung zu bieten, ließ Herr Wichern Anfang Dezember des Jahres 1839 zum ersten Mal 24 Kerzen auf einen großen Holzreifen aufstecken. Abend für Abend wurde nun eine weitere Kerze angesteckt. So nahm der Schein der Lichter immer mehr zu und war gleichzeitig ein Bild für die wachsende Vorfreude der Kinder auf das nahende Weihnachtsfest. Und 21 Jahre später, im Jahre 1860, wurde der Kranz erstmals mit grünen Zweigen umwunden.

Aus diesem großen Kranz entwickelte sich dann im Laufe der Zeit unser heutiger Adventskranz mit seinen vier Kerzen für die letzten vier Sonntage vor Weihnachten.

## Barbaratag

Am Fest der Heiligen Barbara, dem 4.12. wird in vielen Familien ein frisch geschnittener Zweig – so beispielsweise Kirsch-, Forsythien-, Apfel oder Pflaumenzweig – in eine Vase mit lauwarmem Wasser in die Wohnung gestellt. In der Wärme treibt der Zweig

Knospen, die dann um Weihnachten aufbrechen und erblühen. Sicherlich kennt ihr diesen schönen Brauch, doch wisst ihr auch, woher er stammt?

Blüht der Zweig genau am Weihnachtstag auf, so gilt dies einem alten Volksglauben nach als erfreuliches Zeichen für die Zukunft.

Vor vielen, vielen Jahrhunderten lebte in Kleinasien die Heilige Barbara, die Tochter eines reichen und sehr strengen Geschäftsmannes. Als ihr Vater eines Tages zu einer längeren Reise aufbrach, sperrte er seine Tochter in einen Turm, damit sie keinen Unsinn anstellte. Da sich Barbara in ihrem Turm sehr langweilte, ließ sie weise Männer kommen, die ihr allerhand Geschichten erzählen sollten. Auf diese Weise hörte sie erstmals vom Jesuskind und vom christlichen Glauben. Das Leben Christi beeindruckte sie schließlich so sehr, dass sie sich kurzerhand taufen ließ. Als ihr Vater nach seiner Rückkehr davon erfuhr, war er alles andere als erfreut und versuchte, Barbara ihren neuen Glauben auszureden. Dies gelang ihm aber nicht. Darüber wurde er so zornig, dass er seine Tochter einfach verhaften und zum Tode verurteilen ließ. Auf dem Weg zum Gefängnis verfing sich ein Zweig in Barbaras Kleid. Diesen Zweig nahm sie mit in ihre Zelle, stellte ihn in einen Becher und goss ihn täglich mit ihrem ohnehin schon karg bemessenen Trinkwasser. Und am Tag, da Barbara für ihren Glauben hingerichtet wurde, geschah ein kleines Wunder: Der Zweig erblühte!

## Nikolaus

Unzählige Legenden erzählen von den guten Taten des Heiligen Nikolaus.

Einst lebte Nikolaus als Bischof von Myra in Kleinasien, der heutigen Türkei. Er war ein sehr freigiebiger, gütiger Mann, der sich aus ganzem Herzen um die Armen oder Schutzbedürftigen seiner Stadt kümmerte und ihnen half, wo er nur konnte. Dafür liebten und verehrten ihn alle so sehr, dass er nach seinem Tode für seine unzähligen guten Taten heilig gesprochen wurde.

Sankt Nikolaus ist einer der bekanntesten Volksheiligen des Abendlandes. Als Wohltäter und Nothelfer wurde er in den vergangenen Jahrhunderten von vielen um Hilfe angerufen und galt als Beschützer der See- und Kaufleute, der Advokaten und Reisenden, der Fischer, Bäcker, Studenten – und nicht zuletzt der Kinder!

Zur Erinnerung an den Bischof von Myra erhalten Groß und Klein auch heute noch am 6. Dezember Süßigkeiten, Früchte, Nüsse und kleine Geschenke. Übrigens: Die Rute, mit denen früher Kindern ab und an gedroht wurde, war ursprünglich nicht zum Strafen, sondern zum Segnen gedacht!

## Weihnachtsbaum

Schon immer hatten Zweige und immergrüne Bäume in den frostigen, dunklen Wintertagen eine besondere Bedeutung. So wurden sie von unseren Vorfahren bei Beschwörungsritualen eingesetzt und galten als Hoffnungsträger zum Schutz gegen finstere Mächte.

Auch die Tanne mit ihrem grünen Kleid ist ein altes Zeichen für die Lebenskraft, die selbst der kälteste Winter nicht besiegen kann. Als Weihnachtsbaum, wie wir ihn kennen, diente sie erstmals um 1600. Zunächst wurden Äpfel als Dekoration verwendet; Tannenbaumkerzen, die den ganzen Raum warm erstrahlen lassen, gibt es hingegen erst seit dem 19. Jahrhundert. Später gesellten sich dann auch Christbaumkugeln hinzu. Diese erinnern an die drei Heiligen Könige, welche dem Jesuskind unter anderem Gold als kostbares Geschenk aus dem Morgenland mitbrachten.

## Bescherung

Die bei uns heute übliche Bescherung zu Heiligabend geht auf Martin Luther zurück. Im Jahre 1535 schaffte er die bis dahin übliche Nikolausbescherung ab und ließ das Christkind die Geschenke bringen. Aus dem gabenbringenden Nikolaus wurde mancherorts der Weihnachtsmann.

Was wäre das Weihnachtsfest ohne Geschenke! Aber woher stammt eigentlich dieser Brauch? Noch bevor es unser heutiges Weihnachtsfest gab, war es üblich, am Fest der Sommersonnenwende Geschenke zu verteilen. So erhielten Diener und Sklaven germanischer Stämme zu diesem Anlass Geschenke als Dankeschön für ihre Dienste.

Der christliche Ursprung unserer Weihnachtsbescherung ist sicherlich, dass Gott uns Menschen seinen Sohn geschenkt hat. Aus Freude darüber – und zum Gedenken daran – beschenken wir uns gegenseitig zum Fest.

# Erlesenes und Benotetes

Kein anderes Fest im Jahreskreis kennt so viele wundervolle Geschichten, Gedichte und Lieder wie das Weihnachtsfest. In diesem Kapitel finden Sie von jeder Gattung eine kleine Auswahl besonders schöner Werke.

So wie eine Kerze ein Zimmer erhellt, so erleuchten weihnachtliche Geschichten und Gedichte die Herzen der Zuhörer. Ob als Gute-Nacht-Geschichte, als Überraschung im Adventskalender, als Beitrag zu einer Geschichtenparty, als Geschenk in Form einer schön verzierten Kopie, als Überraschungszugabe zur Weihnachtspost oder als Vortrag am Heiligen Abend: Unzählig sind die Verwendungsmöglichkeiten für diese besonderen Begleiter der Adventszeit.

Selbstverständlich gehören auch Lieder zum Weihnachtsfest. Nachfolgend finden Sie Altbekanntes und auch Neues. Wie wäre es dieses Jahr mit einem selbst gestalteten Liederzettel? Eine Auswahl von Liedern wird hierzu am Kopierer soweit verkleinert, dass sie auf ein DIN A4-Blatt passt. Nun die Lieder ausschneiden, auf dem Blatt anordnen und festkleben. Mit Schablonen- oder Stempeltechnik entsprechend verziert, dient dieses Original als Kopiervorlage. Gerade Kindern bereitet das Singen von einem selbst gestalteten Liederzettel großen Spaß!

## Eine Kerze erzählt

Hans Albert Höniges

Vorlesezeit: 2 Minuten



Ihr habt mich angezündet und schaut – ein wenig nachdenklich oder versonnen – in mein Licht. Vielleicht freut ihr euch auch ein bisschen dabei.

Ich jedenfalls freue mich, dass ich brenne. Wenn ich nicht brennen würde, läge ich in einem Karton mit anderen, die auch nicht brennen. In so einem Karton haben wir Kerzen überhaupt keinen Sinn. Da liegen wir nur herum. Einen Sinn habe ich nur, wenn ich brenne. Und jetzt brenne ich. Aber seit ich brenne, bin ich schon ein kleines bisschen kürzer geworden. Das ist schade, denn ich kann mir ausrechnen, wann ich so kurz bin, dass ich nur noch ein kleines Stümpfchen bin. Aber so ist das: es gibt nur zwei Möglichkeiten – entweder ich bleibe ganz und unversehrt im Karton, dann werde ich nicht kürzer, dann geht mir überhaupt nichts ab – aber dann weiß ich nicht, was ich eigentlich soll – oder ich gebe Licht und Wärme, dann weiß ich, wofür ich da bin, dann muss ich aber etwas geben dafür: von mir selbst, mich selber. Das ist schöner als kalt und sinnlos im Karton. So ist das bei euch Menschen genauso. Entweder ihr bleibt für euch, dann passiert euch nichts, dann geht euch nichts ab – aber dann wisst ihr auch eigentlich nicht so recht: warum. Dann seid ihr wie die Kerzen im Karton. – Oder ihr gebt Licht und Wärme. Dann habt ihr einen Sinn. Dann freuen sich die Menschen, dass es euch gibt. Dann seid ihr nicht vergebens da. Aber dafür müsst ihr etwas geben: von euch selber, von allem, was in euch lebendig ist: von eurer Freude, eurer Herzlichkeit, von eurer Treue, eurem Lachen, eurer Traurigkeit, von euren Ängsten, von euren Sehnsüchten, von allem, was in euch ist. Ihr braucht keine Angst zu haben, wenn ihr dabei kürzer werdet. Das ist nur äußerlich. Innen werdet ihr immer heller.

Denkt ruhig daran, wenn ihr in eine brennende Kerze seht, denn solch eine Kerze seid ihr selber. Ich bin nur eine kleine, einzelne Kerze. Wenn ich allein brenne, ist mein Licht nicht groß und die Wärme, die ich gebe, ist gering. Ich allein – das ist nicht viel. Aber mit anderen zusammen ist das Licht groß und die Wärme stark. Bei euch Menschen ist das genauso. Einzeln, für euch genommen, ist euer Licht nicht gewaltig und die Wärme klein.

Aber zusammen mit anderen seid ihr viel. Licht ist ansteckend!

## Jetzt kann Gott kommen

Lene Mayer-Skumanz

Vorlesezeit:
1 1/2 Minuten



Ein Mann erfuhr, dass Gott zu ihm kommen wollte. »Zu mir«, schrie er. »In mein Haus?« Er rannte durch alle Zimmer, er lief die Stiegen auf und ab, er kletterte zum Dachboden hinauf, er stieg in den Keller hinunter. Er sah sein Haus mit anderen Augen. »Unmöglich!«, schrie er. »In diesem Dreckstall kann man keinen Besuch empfangen. Alles schmutzig. Alles voller Gerümpel. Kein Platz zum Ausruhen. Keine Luft zum Atmen.«

Er riss Fenster und Türen auf. »Brüder! Freunde!«, rief er. »Helft mir aufräumen – irgendeiner! Aber schnell!«

Er begann, sein Haus zu kehren. Durch dicke Staubwolken sah er, dass ihm einer zu Hilfe gekommen war. Sie schleppten das Gerümpel vors Haus, schlugen es klein und verbrannten es. Sie schrubbten Stiegen und Böden. Sie brauchten viele Kübel Wasser, um die Fenster zu putzen. Und immer noch klebte der Dreck an allen Ecken und Enden.

»Das schaffen wir nie!«, schnaufte der Mann. »Das schaffen wir!«, sagte der andere.

Sie plagten sich den ganzen Tag. Als es Abend geworden war, gingen sie in die Küche und deckten den Tisch. »So«, sagte der Mann, »jetzt kann er kommen, mein Besuch! Jetzt kann Gott kommen. Wo er nur bleibt?« »Aber ich bin ja da!«, sagte der andere und setzte sich an den Tisch. »Komm und iss mit mir!«

## Die »Halle« der Welt mit Licht erfüllen!

Vorlesezeit:
2 Minuten

Auf den Philippinen erzählen sich die Leute folgende Geschichte: Ein König hatte zwei Söhne. Als er alt wurde, da wollte er einen der beiden zu seinem Nachfolger bestellen. Er versammelte die Weisen seines Landes und rief seine beiden Söhne herbei. Er gab jedem der beiden fünf Silberstücke und sagte: »Ihr sollt für dieses Geld die Halle in unserem Schloss bis zum Abend füllen. Womit, das ist eure Sache«. Die Weisen sagten: »Das ist eine gute Aufgabe.«

Der älteste Sohn ging davon und kam an einem Feld vorbei, wo die Arbeiter dabei waren, das Zuckerrohr zu ernten und in einer

Mühle auszupressen. Das ausgepresste Zuckerrohr lag nutzlos umher. Er dachte sich: »Das ist eine gute Gelegenheit, mit diesem nutzlosen Zeug die Halle meines Vaters zu füllen.«

Mit dem Aufseher der Arbeiter wurde er einig, und sie schafften bis zum späten Nachmittag das ausgedroschene Zuckerrohr in die Halle. Als sie gefüllt war, ging er zu seinem Vater und sagte: »Ich habe deine Aufgabe erfüllt. Auf meinen Bruder brauchst du nicht mehr zu warten. Mach' mich zu deinem Nachfolger.« Der Vater antwortete: »Es ist noch nicht Abend. Ich werde warten.«

Bald darauf kam auch der jüngere Sohn. Er bat darum, das ausgedroschene Zuckerrohr wieder aus der Halle zu entfernen. So geschah es. Dann stellte er mitten in die Halle eine Kerze und zündete sie an. Ihr Schein füllte die Halle bis in die letzte Ecke hinein.

Der Vater sagte: »Du sollst mein Nachfolger sein. Dein Bruder hat fünf Silberstücke ausgegeben, um die Halle mit nutzlosem Zeug zu füllen. Du hast nicht einmal ein Silberstück gebraucht und hast sie mit Licht erfüllt. Du hast sie mit dem gefüllt, was die Menschen brauchen.«

## Weihnachten müsste man ... das süße Zeug vernichten

Ulrike Piechota

Vorlesezeit:
4 Minuten

Weihnachten müsste man ... v. Ulrike Piechota S. 43 und 44


Müsstemans hatten einen Hund, den sie Hasso nannten. Hasso war ein guter Hund. Er liebte seine Familie und tat alles, um ihr zu gefallen.

Daher spitzte er auch aufmerksam die Ohren, als Frauchen im Advent auf der Waage stand und seufzte: »Die vielen Lebkuchen, Bärentatzen, Springerle und ..., ach, Weihnachten müsste man das ganze süße Zeug vernichten! Mit einem Schlag!« Hasso bellte auffordernd, was so viel hieß wie: »Dann vernichte das süße Zeug doch, jetzt auf der Stelle. Und warum hast du es eigentlich selbst gebacken, tagelang, das süße Zeug?« Frauchen verstand ihn nicht und stieg von der Waage.

Hasso wunderte sich, legte sich in seinen Korb und erinnerte sich an die Weihnachtsfeste, die er schon miterlebt hatte. Die Menschen machten sich gegenseitig Geschenke, schenkten sogar ihm, dem Hund Hasso, einen besonders guten Knochen, ein neues Hals-

band, ein Kissen für das Körbchen. Nur er selbst hatte nie ein Geschenk für die Menschen.

Plötzlich wurmte ihn diese Tatsache, und er dachte noch einmal ausführlich an Frauchens Seufzer auf der Waage. Könnte er nicht wenigstens ihr etwas schenken, worüber sie sich wirklich freute? Aber zu Weihnachten war das Geschenk, das ihm vorschwebte, zu spät. Das süße Zeug existierte dann nur noch in geringer Menge. Doch warum nicht ein Vorweihnachtsgeschenk machen? Natürlich, das war die Lösung. Auf den genauen Tag kam es bei Geschenken doch wohl nicht an.

Es war Mitternacht. Die Familie schlief, und das am Vortag gebackene »süße Zeug« stand in mit Folie verdeckten Schüsseln auf dem Küchentisch. Morgen sollte es in fest verschlossenen Dosen vorschriftsmäßig gelagert werden.

Es war ganz leicht, die Folie aufzureißen. Und so schlecht schmeckte das »süße Zeug« auch gar nicht. Jedenfalls die ersten zehn Stücke davon. An dem elften und zwölften Plätzchen kaute er schon mühsamer herum. Widerlich, das süße Zeug. Hasso zerbiss und zerfetzte es schließlich auf dem Küchenfußboden. »Hasso, du Scheusal!«, rief Frauchen entsetzt, als sie am nächsten Morgen die

Küche betrat. Mit Tränen der Wut beseitigte sie das Chaos in der Küche und machte sich an die Arbeit, stellte neues »süßes Zeug« her. Mit Hasso sprach sie drei Tage lang nicht, was den Hund kränkte. Immerhin hatte er ihr das Geschenk gemacht, das sie sich, auf der Waage stehend, sehnlichst gewünscht hatte.

Und so schlimm konnte es doch nicht sein, statt zu Weihnachten schon in der Vorweihnachtszeit sein Geschenk in Empfang zu nehmen. Die Menschen würde er nie verstehen, und Magenbeschwerden hatte er auch.

»Nie wieder«, so schwor er, »nie wieder schenke ich irgendjemandem irgendetwas!«

Diesen Schwur hielt er eisern durch. Und süßes Zeug rührte er auch nie wieder an. Da konnte Frauchen noch so oft auf die Waage steigen und seufzen: »Weihnachten müsste man das ganze süße Zeug vernichten!«

## Die Demonstration der Sterne und Planeten

CHRISTA SPILLING-NÖKER

**Vorlesezeit: 4 Minuten**

Titel: Sterne weisen dir den Weg. (Ed. Quell) Urheber: Christa Spilling-Nöker Quelle: © Quell/ Gütersloher Verlagshaus GmbH, Gütersloh

»Was ist denn das?« Jupiter war völlig aufgebracht. Auch Venus und Saturn waren erbost. Eine gereizt aggressive Stimmung verbreitete sich in der Nacht am ganzen Himmelszelt. Über Israel, genauer gesagt über Bethlehem, leuchtete ein riesiger Komet, und es entging der gesamten Sternenschar am Himmel nicht, dass dadurch zahlreiche Menschen in Bewegung gebracht wurden, das besondere Himmelsereignis anzustaunen und seinem Licht zu folgen, hin zu einem Stall, in dem ein Neugeborenes schrie. Es schien so, als sei dort etwas Außerordentliches geschehen, denn eine ganze Engelsschar war dort offensichtlich auch zugegen, um zu jauchzen und zu frohlocken. Keiner der Sterne verstand, was das ganze Theater da unten sollte. So viel Licht für ein kleines Kind? Jeden Tag kamen Tausende von Kindern zur Welt, so wie auch Tausende alter oder kranker Menschen starben. So war das Leben auf der Erde nun einmal geregelt. Und über Millionen von Jahren hatte es für alle Ereignisse auf der Erde genügt, wenn sich am Abend der ganz normale Nachthimmel zeigte in seinem Licht. Und jetzt kam so ein Stern mit Schweif daher und stahl ihnen die Schau.

»Das geht zu weit, wir müssen uns wehren«, sagte ein ganz kleines Sternchen. »Und wie bitte, wenn ich fragen darf?«, schaltete sich jetzt Mars selber ein. »Ich habe da so eine Idee«, strahlte das kleine Sternchen ganz verschmitzt. »Ja, dann heraus mit der Sprache!« Die anderen wurden ungeduldig. »Wir verschwinden einfach, der Himmel ist groß und weit genug.« »Und was soll das bringen?«, fragte jetzt Jupiter zurück. »Alle starren zu dem Kometen herauf. Kein Mensch wird merken, wenn wir nicht nebenbei auch noch am Himmel herumstehen.«

»Dieser große Angeber, der da über dem Stall von Bethlehem leuchtet, wird sich nicht lange halten«, erwiderte der Kleine. »Woher willst du das denn wissen?«, fragten die anderen, jetzt doch neugierig geworden. »Das ist doch immer so«, erwiderte das Sternchen, »wer schnell aufsteigt, fällt auch schnell wieder. Seine Glanzzeit dauert meistens nicht lange.« »Und du meinst, wir bleiben so lange im Versteck, bis der Komet wieder abgetaucht ist, und überlassen die Menschen dann des Nachts der völligen Dunkelheit?« »Damit sie sehen, was sie an uns haben.«

Jetzt hatten alle begriffen. Der Plan war raffiniert. Solche pfiffigen Ideen hatten sie dem Kleinen gar nicht zugetraut. »Das klappt nur, wenn alle mitmachen«, ergriff nun Uranus das Wort. Millionen von kleineren und größeren Sternen und die Planeten stimmten dem Plan einmütig zu. Auch der gute alte Mond, rund und voll, nickte gemütlich. Und so tauchten sie alle gemeinsam in der unendlichen Weite des Himmelsgewölbes ab. Der kleine Stern sollte Recht behalten. Der Komet verschwand nach einigen Tagen wieder, und nun senkte sich die Nacht in völliger Schwärze über Stadt und Land. »Wo sind denn nur die Sterne geblieben?«, klagten die Verliebten, »wie romantisch war es, einander des Nachts im Mondenschein heimlich zu küssen.«

»Welch Trost war mir der Sternenhimmel in klaren Nächten«, weinten die Einsamen und Traurigen, »sie haben mir immer gezeigt, dass es keine Finsternis gibt, in der nicht doch noch das Licht der Hoffnung aufleuchtet.«

»Kein Mensch wird uns mehr etwas glauben«, stöhnten die Astronomen, »wir müssen alle Bücher neu schreiben, denn von einem Verschwinden der Sterne steht in keinem Buch von uns etwas drin. Wie sollen wir das nur erklären?« Und sie zerbrachen sich ihre klugen Köpfe.

Als unsere Sterne solche Reden hörten, strahlten sie, sodass man sie fast schon aus ihrem Versteck am Firmament mit bloßem Auge hätte wahrnehmen können. Aber sie hielten tapfer durch. Vierzig Tage und Nächte lang. Dann entschlossen sie sich einmütig, an ihren vertrauten Himmel zurückzukehren.

Was war das für eine Freude unter den Menschen! Die Verliebten küssten und umschlangen sich heftiger denn je, sodass der eine oder andere Stern beim Hinschauen schon fast errötete; den Einsamen ging zugleich mit den Sternen am Himmel ein Stern in der Seele auf, der ihnen wieder Mut machte für den kommenden Tag. Auch die Astronomen waren zufrieden, denn sie waren sich nun sicher, dass sie nicht alle ihre schlauen Bücher umschreiben mussten. Und Sterne wie Menschen begriffen durch die himmlischen Ereignisse in Bethlehem, dass die Welt im Alltag gerade durch die Ausstrahlung eines jeden Einzelnen schön wurde, und sei er ein noch so kleines Licht.

## Eine Legende vom heiligen Nikolaus

Neu erzählt von Rolf Krenzer

Vorlesezeit: 2 Minuten

Aus: Rolf Krenzer: Glauben erlebbar machen. Grundkurs. Spielgeschichten und Lieder zur religiösen Erziehung im Kindergarten. © Verlag Herder, Freiburg 6. Auflage 1996

Damals lebte ein Mann mit seinen Kindern. Die Mutter war gestorben. Der Vater war arbeitslos geworden. Da gab es kaum etwas zu essen und auch keine warmen Kleider im Winter.

Als der Vater dann auch noch krank wurde, war die Not so groß, dass die Kinder am Abend hungrig ins Bett gingen.

Wie staunten sie aber, als am Morgen ein großer Sack vor ihrer Tür stand. Als sie ihn öffneten, fanden sie darin Mehl und Brot. Da brauchten sie nicht mehr zu hungern.

Am nächsten Morgen aber stand wieder ein Sack vor der Tür. Und als die Kinder ihn öffneten, fanden sie warme Kleider darin. Da brauchten sie nicht mehr zu frieren.

Der Vater musste immer an den Bischof denken. Er hatte von ihm gehört, dass er den Armen half. Ob er es war, der sie so reichlich beschenkt hatte. Er sagte zu seinen Kindern: »Heute Nacht wollen wir alle wach bleiben. Sollte wirklich der Bischof noch ein-

mal zu uns kommen, dann wollen wir ihm von Herzen danken!«

Aber den Kindern fielen am Abend doch vor Müdigkeit die Augen zu. Der Vater blieb wach. Und wirklich! Spät in der Nacht hörte er ein Geräusch vor der Tür. Da sprang er auf und lief zur Tür und öffnete sie. Er sah auch, dass ein Mann mit schnellen Schritten davonging. So gut er konnte, lief er hinter ihm her. Und dann erkannte er den Bischof Nikolaus.

»Danke!«, rief er. »Danke für alles, was du für uns getan hast!«

Der Bischof wendete sich um. »Geh nach Hause!«, sagte er freundlich.

»Wenn du gesund bist, wirst du bald wieder Arbeit finden!«

Er lächelte dem Mann freundlich zu und ging dann weiter.

Wie staunte der Mann aber, als er beim Heimkommen noch einen Sack vor der Tür fand. Vor lauter Freude weckte er die Kinder.

Und was fanden sie diesmal im Sack?

Schuhe! Ja, Schuhe! Jetzt brauchten sie nicht mehr barfuß zu laufen. Als sie aber in die Schuhe schlüpfen wollten, da konnten sie es nicht. In den Schuhen steckten nämlich die allerschönsten Dinge: Spielzeug, Äpfel, Nüsse und Plätzchen. Das alles hatte ihnen der Bischof Nikolaus geschenkt. Wie freuten sich da die Kinder!

Daran erinnern wir uns, wenn wir am Nikolausabend unsere Schuhe vor die Tür stellen und hoffen, dass der Nikolaus etwas hineinlegt.

## Die Weihnachtsgeschichte

Vorlesezeit:
4 Minuten

Vor langer, langer Zeit lebte im fernen Nazaret eine junge, schöne und kluge Frau, die auf den Namen Maria hörte. Sie war mit Josef verlobt, einem fleißigen Zimmermann. Da sie einander sehr liebten, beschlossen sie, bald zu heiraten.

Doch sollte alles ganz anders kommen als gedacht: Denn eines Tages wurde es um Maria auf einmal sehr hell und inmitten des gleißenden Lichts stand plötzlich eine weiße Gestalt. Maria erschrak sehr, aber die geheimnisvolle Erscheinung beruhigte sie schnell: »Fürchte dich nicht, Maria, ich bin Gabriel, ein Engel Gottes, und bringe frohe Kunde für dich und alle Menschen dieser Welt. Bald wirst du ein Kind zur Welt bringen, einen Jungen.« Da wunderte sich Maria, denn schließlich war sie noch gar nicht verheiratet. »Dein Kind wird der Sohn Gottes sein und du sollst ihn Jesus nennen«, erklärte ihr daraufhin der Engel. »Dann habe ich keine Angst mehr«, erwiderte Maria, »und Gottes Wille möge geschehen.« Gabriel nickte zufrieden, bevor er genauso schnell verschwand, wie er gekommen war.

Auch Josef erschien eines Nachts der Engel : »Josef, mein Freund«, verkündete er, bald wird Maria einen Jungen bekommen. Fürchte dich nicht, denn das Kind ist Gottes Sohn und wird euch Menschen retten. Ihr sollt ihn Jesus nennen.« Und ehe Josef sich versah, war Gabriel wieder verschwunden.

Natürlich freuten Maria und Josef sich sehr über die Botschaft des Engels und konnten es gar nicht erwarten, das Kind in ihren Armen zu halten. Zugleich war ihnen jedoch etwas bang ums Herz, da sie nicht wussten, ob die Menschen ihnen diese erstaunliche Geschichte glauben würden. Auch rätselten sie, welche Aufgabe Gott für Jesus wohl vorgesehen hatte.

So vergingen Wochen und Monate. Als die Geburt des Kindes kurz bevorstand, erfuhren Maria und Josef, dass der Kaiser des Landes sein ganzes Volk zählen lassen wollte. Deshalb mussten sie ihre Siebensachen packen und sich auf den langen, langen Weg nach Bethlehem, der Heimatstadt Josefs, begeben, um sich dort in die kaiserlichen Listen einzutragen. Da die Reise sehr beschwerlich war, fühlten sich die beiden – und auch ihr Eselchen – schrecklich müde, als sie endlich in Bethlehem eintrafen.

Doch sollten sie so schnell keine Ruhe finden! Denn in der ganzen Stadt wimmelte es nur von Menschen, die von überall hergekommen waren, um sich zählen zu lassen, und in den Gasthäusern gab es keinen einzigen Schlafplatz mehr. Was tun? Tapfer zogen Maria und Josef von Haus zu Haus, von Tür zu Tür, bis endlich ein Gastwirt Erbarmen mit dem jungen Paar hatte. Zwar konnte er kein Zimmer anbieten, erlaubte ihnen aber, in seinem Stall bei den Tieren zu schlafen. Maria war ihm dafür von ganzem Herzen dankbar, denn sie war sehr erschöpft und spürte, dass sie bald das Kind bekommen würde.

Eingehüllt in ihre Mäntel bereiteten sich die beiden ein Lager im Stroh und wenig später brachte Maria das Kind zur Welt. »Jesus, der Sohn Gottes, ist geboren«, freuten sie sich – aber nur Esel, Ochs' und Schaf hörten ihnen zu und schauten sie mit großen Augen stumm an.

Sie blieben jedoch nicht lange allein. Plötzlich knarrte die Stalltür und herein kamen mehrere Schafhirten, die herbeigeeilt waren, um das Jesuskind zu sehen. Aufgeregt erzählten sie, dass ihnen Engel erschienen waren, als sie draußen vor der Stadt ihre Schafe hüteten. So hatten die Hirten von der Ankunft Jesu erfahren und waren sofort aufgebrochen, um Gottes Sohn zu bestaunen.

Da wussten Maria und Josef, dass Gott sein Versprechen gehalten und Jesus geschickt hatte, um die Menschen zu retten. Die Hirten aber kehrten zu ihren Herden zurück und verkündeten allen, denen sie unterwegs begegneten, die frohe Botschaft.

## Wunschzettel

Liebes Christkind, zum Festtag wünsch' ich mir
diese besonderen Dinge von dir:

| | |
|---|---|
| ein »Ist-das-schön« | ein »Mag-mich-gern« |
| ein »Bin-vergnügt« | ein »'s-ist-wunderbar« |
| ein »Das-macht-Spaß« | ein »Glaub-fest-dran« |
| ein »Freu-mich-so« | ein »Bin-gut-drauf« |

Und wenn es nicht all zu vermessen ist,
und weil du doch schließlich das Christkind bist,
wünsch ich mir das nicht nur zum Weihnachtstag,
sondern für jeden, der da noch kommen mag.

## Im Advent

Ach du liebe, liebe Vorweihnachtszeit,
da bist du schon wieder, es ist so weit.
Den Kindern dauerst du viel zu lange,
den Eltern, den wird dagegen ganz bange.
Termine und Pflichten – die Zeit, sie rennt.
So ist's nun mal – jedes Jahr im Advent.

## Bratapfelduft

Heute, da gibt es eins, zwei,
drei – unsere Lieblingsleckerei.
Sie steckt bereits im Ofen drin
und brutzelt fröhlich vor sich hin.
Die Nase schnuppert schon den Duft –
Bratäpfel liegen in der Luft.
Marzipan steckt in ihrem Kern,
denn so mögen wir sie besonders gern.
Zisch, nun springt die Schale entzwei –
und alle kommen schnell herbei.
Vanillesoße obendrauf,
genüsslich schlemmen wir sie auf.

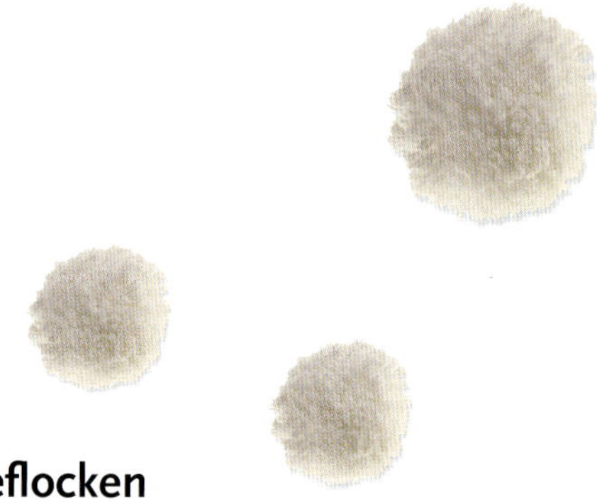

## Schneeflocken

Volksgut

Es schneit, hurra, es schneit!
Schneeflocken weit und breit!
Ein lustiges Gewimmel
kommt aus dem grauen Himmel.

Was ist das für ein Leben!
Sie tanzen und sie schweben.
Sie jagen sich und fliegen,
der Wind bläst vor Vergnügen.

Und nach der langen Reise,
da setzen sie sich leise
auf's Dach und auf die Straße
und frech dir auf die Nase.

## Stille Nacht

E. Schreiber-Wicke und C. Holland

Stille Nacht,
heilige Nacht
hast du wirklich gedacht
Weihnachten ist
was du rund um dich siehst?

Such nicht draußen den Sinn –
Weihnachten ist in dir drin.

## Zeitgeschenk

Ein schönes Bild, ein dickes Buch,
eine CD, ein buntes Tuch
oder andre nette Sachen –
womit kann ich Freude machen?
Soll ich basteln oder kaufen –
einfach in 'nen Laden laufen?
Das Fest ist nah, es ist so schwer –
wo nehm' ich das Geschenk nur her?
Auf einmal ist es dann soweit,
es fällt mir ein – ich schenke Zeit!
Ein Gutschein für 'ne Zeiteinheit
in heut'ger Zeit 'ne Kostbarkeit!

## Das Lied von den kleinen Überraschungen

2. Ich schließe meine Türen,
und geb' fein sorgsam Acht,
bis dann die Überraschung
schnell fertig ist gemacht.
Ganz geheim, ganz geheim,
soll es heute sein,
und du wirst ganz gewiss
dich darüber freu'n!

3. Doch nicht nur zu der Weihnacht,
gibt es Gelegenheit,
dich lieb zu überraschen,
da nutz' ich oft die Zeit:
Ganz geheim, ganz geheim,
soll es heute sein,
und du wirst ganz gewiss
dich darüber freu'n!

## Das Lied vom leisen Weihnachten

Refrain:

Refrain

2. Uns're kalte, harte,
oft so laute Welt
soll verwandelt werden,
sanft vom Stern erhellt.
Manch' geballte Faust
die darf sich öffnen nun:
Krieg in Frieden wenden, –
da bleibt viel zu tun.

Refrain

3. Lasst das Eilig-Sein nun,
nehmt euch einmal Zeit,
leise, sanfte Dinge sind
von Wichtigkeit!
Könige und Herrscher,
ihr sollt stille sein,
seht dies Neugebor'ne
kommt und macht euch klein.

Text: Wolfgang Longardt; Musik: Detlev Jöcker; Aus Buch, CD und MC: Kommt, wir feiern Weihnachten


## Lasst uns froh und munter sein

2. Dann stell' ich den Teller auf.
Niklaus legt gewiss was drauf.
Lustig, lustig …

3. Wenn ich schlaf', dann träume ich:
Jetzt bringt Niklaus was für mich.
Lustig, lustig …

4. Wenn ich aufgestanden bin,
lauf' ich schnell zum Teller hin.
Lustig, lustig … dann war Niklausabend da!

5. Niklaus ist ein guter Mann, dem man
nicht g'nug danken kann.
Lustig, lustig …

## Weihnachten ist nicht mehr weit

2. Lieb verpackte Päckchen
überall versteckt,
und die frisch gebacknen Plätzchen
wurden schon entdeckt.
Heute hat's geschneit!
Macht euch jetzt bereit:
Bis Weihnachten ...

3. Menschen finden wieder
füreinander Zeit.
Und es klingen alte Lieder
durch die Dunkelheit.
Bald ist es so weit!
Macht euch jetzt bereit:
Bis Weihnachten ...

Text: Rolf Krenzer, Melodie: Detlev Jöcker. Aus Buch, CD und MC: Weihnachten ist nicht mehr weit.


## Alle Jahre wieder

2. Kehrt mit seinem Segen
ein in jedes Haus,
geht auf allen Wegen
mit uns ein und aus.

3. Steht mir auch zur Seite,
still und unerkannt,
dass es treu mich leite
an der lieben Hand.

# Endlich Weihnachten!

Nun ist es so weit! Wir sind am Ziel unseres Weges angelangt, der Morgen des 24. Dezembers ist angebrochen.

Für die Kleinen ist Heiligabend wohl der aufregendste und abenteuerlichste Tag der ganzen Advents- und Weihnachtszeit. Ob die Kinder nun noch an das Christkind glauben oder nicht, es ist einfach schön, den weihnachtlichen Zauber durch die jährlich wiederkehrenden Familienrituale, die eine oder andere neue Variante und jede Menge gemeinsamer Aktionen zu erleben.

## Die Vorbereitungen

Bei den noch verbleibenden Vorbereitungsarbeiten können Sie sich sicherlich von Ihren Kindern unter die Arme greifen lassen – und kreieren so im Handumdrehen weitere Mini-Events, welche die Wartezeit verkürzen …

- Schmücken Sie den Weihnachtsbaum gemeinsam mit Gebasteltem der letzten Wochen oder Schmuck aus vergangenen Jahren. Vielleicht erzählen Sie dabei von Weihnachtsbräuchen aus Ihrer Kindheit? Ältere Kinder können, wenn sie Lust dazu haben,

Schön, wenn Sie diesen Tag mit folgenden Gedanken beginnen können:

- Die Weihnachtskarten sind pünktlich bei ihren Empfängern angekommen.
- Christkind bzw. Weihnachtsmann haben sich um die erfüllbaren Wünsche gekümmert und alles wunderschön verpackt bereitgelegt.
- Das Festessen ist vorbereitet; die Getränke liegen gut gekühlt im Keller.
- Unser in einer gemeinsamen Tannenbaum-Suchaktion (s. S. 66) auserwählte Weihnachtsbaum freut sich in seiner ganzen – wenn auch nicht ganz geraden – Pracht darauf, endlich geschmückt zu werden.
- Die Lichterkette funktioniert, und für den Fall der Fälle liegen Ersatzkerzen bereit.
- Der Fotoapparat bzw. die Videokamera warten auf ihren Einsatz.
- Die Weihnachtsgeschichte und die Weihnachts-CD liegen ebenfalls parat.
- Die Krippenfiguren hoffen darauf, dass sich der Karton gleich öffnet und sie endlich wieder Weihnachtsluft schnuppern dürfen.

den Baum ganz alleine schmücken. Hierbei sollten Sie einen allzu kritischen Blick allerdings vorher ablegen!

- Gestalten Sie den Krippenaufbau als Gemeinschaftsaktion: Bitten Sie die Kinder, die Weihnachtsgeschichte mit den Krippenfiguren nachzuspielen, während Sie diese vorlesen (s.S. 85–87). Am Ende der Geschichte hat dann jede Figur ihren Platz in oder am Stall gefunden.
- Lassen Sie sich beim Decken und Dekorieren des Festtagstisches helfen.
- Bitten Sie ältere Kinder, den einen oder anderen schönen Beitrag (Geschichten, Gedichte, Lieder) für die Zeit nach der Bescherung und dem Festessen herauszusuchen.
- Senden Sie die Kinder als Weihnachtsboten aus. Sie werden es bestimmt gerne übernehmen, Nachbarn und Freunden in geheimer Mission einen Gruß oder ein kleines Geschenk vor die Türen zu legen, zu schellen und sich dann schnell zu verstecken.
- Für die Zeit, die verbleibt, bis alles andere erledigt ist, und die natürlich einfach nicht vergehen will, halten Sie am besten Stifte und ein Mandala (s.S. 18–20) zum Ausmalen oder ein weißes Blatt Papier bereit. Schlagen Sie Ihren Kindern vor, Heiligabend-Bilder zu gestalten, die einen Ehrenplatz erhalten.

Nun ist es Nachmittag, alle Vorbereitungen sind erledigt, und das eigentliche Geburtsfest Jesu kann beginnen. Besonders schön ist es, an den Anfang dieser Feier den Besuch einer kindgerechten Christmesse zu setzen. Das Wesentliche des Festes wird dadurch hervorgehoben, und so bekommen alle ein wenig Abstand zu dem vorangegangenen Vorbereitungstrubel.

## Die Bescherung

Wieder zu Hause angekommen, folgen gemütliche Stunden mit Bescherung und Festtagsschmaus. Das Weihnachtsglöckchen läutet, der festlich geschmückte Tannenbaum strahlt in hellem Licht und Musik erklingt. Nun wird die Weihnachtsgeschichte oder ein Lied gesungen und dann geht's an die Geschenke.

Eine klare Zuordnung der Geschenke kann dadurch erleichtert werden, dass auf jedem Päckchen der Name seines Empfängers steht oder dass jedes Familienmitglied seine Präsente an einer bestimmten Stelle unter dem Baum vorfindet. Möglich ist auch, alle für eine Person bestimmten Gaben in dem gleichen Papier einzupacken. Hierbei können Lieblingsfarben oder -motive berücksichtigt werden, sodass bereits die äußere Hülle den Beschenkten persönlich anspricht.

Hier einige Vorschläge, wie das gemeinsame Auspacken der Präsente gestaltet werden kann:

- Es wird (z.B. beginnend mit dem jüngsten Familienmitglied) immer nur eines der unter dem Baum liegenden Geschenke ausgepackt. So kann sich jeder mit jedem freuen.
- Reihum wird gewürfelt. Jeder der eine »6« würfelt, darf eines seiner Geschenke auspacken.
- Die Geschenke befinden sich nicht unter dem Weihnachtsbaum, sondern wurden in der ganzen Wohnung verteilt. Um jedes Geschenk wurde ein Band gebunden, dessen Ende vor der Krippe liegt. Jedes Familienmitglied hat seine eigene Bandfarbe. Nun beginnt ein wirres Suchen in die Kreuz und in die Quer. Die gefundenen Päckchen werden in gemütlicher Runde nacheinander ausgepackt.
- Die Geschenke befinden sich in einem großen Korb. Es wird immer nur ein Geschenk herausgenommen, überreicht und ausgepackt. Keiner kann also vorher am Umriss seines Geschenks den Inhalt erraten.

Jetzt knurren bestimmt schon die Mägen, und alle freuen sich auf das Festessen am hübsch gedeckten Tisch bei leiser Weihnachtsmusik. Ein gelungener Auftakt zu solch einem festlichen Essen ist es, seinem rechten und linken Tischnachbarn die Hände zu reichen und in dieser mit allen verbundenen Haltung ein kleines Tischgebet zu sprechen. Anschließend wünschen sich alle einen guten Appetit und lösen die Hände, um zu Messer und Gabel zu greifen.

Nach dem Essen ebenso wie in den folgenden Tagen sollte noch viel Zeit zum Spielen, Erzählen, Musizieren usw. bleiben, denn diese gemeinsame Zeit gehört genauso zum Fest wie die Geschenke. Eine schöne Sitte ist es, alle Anwesenden ihr persönliches Weihnachts-Highlight auf Kassette sprechen zu lassen. Diese Bänder werden aufbewahrt und am nächsten Weihnachtsfest gemeinsam abgehört.

Vielleicht haben Sie ja während der Adventszeit Glücksmomente gesammelt (s.S. 57–58)? Sie werden sehen: Bestimmt gibt auch das Weihnachtsfest Anlass, noch einige weitere Sterne zum Strahlen zu bringen!

**Weitere Bücher zum Thema:**

**Elke Müller-Mees: Neue Weihnachtsgedichte für Kinder. ISBN 3-332-01341-6**

**Ortfried Pörsel: Weihnachtsfeiern wie noch nie! Neue Geschichten und Gedichte. ISBN 3-332-01342-4**

**Ingeborg Düffert: Stimmungsvolle Weihnachtstexte. Gedichte, Geschichten, Rätsel, Kinderbriefe und vieles mehr. ISBN 3-332-01371-8**

Lösungswort Silbenrätsel von S. 11–12: Tannenbaum

**Danksagung des Verlages**

Wir danken unserem Modell Katharina Huboi.

Ferner danken wir folgenden Verlagshäusern für ihre freundliche Abdruckgenehmigungen: Calwer Verlag (S. 80–82), Quell/Gütersloher Verlagshaus (S. 82–84), Verlag Herder (S. 84–85), K. Thienemanns Verlag (S. 88), Menschenkinder Verlag (S. 89–91, 92). Ebenso danken wir Lene Mayer-Skumanz für ihre freundliche Erlaubnis, ihren Text abzudrucken (S. 79).



Die Deutsche Bibliothek–Cip-Einheitsaufnahme
Ein Titeldatensatz für diese Publikation ist bei der Deutschen Bibliothek erhältlich.
ISBN 3-332-01345-9

www.dornier-verlage.de
www.urania-verlag.de

1. Auflage August 2002

Der Urania Verlag ist ein Unternehmen der Verlagsgruppe Dornier.

Umschlaggestaltung: Behrend & Buchholz, Hamburg
Fotos: Sabine Münch, Berlin.
Außerdem: Markus Hertrich, Hamburg (S. 55, 56, 63, 78, 85, 86), Olivier d'Huissier (S. 13, 46), Fotostudio Hunger, Mitwitz (S. 48, 74), Erwin Fleischmann (S. 52).
Modelle: Marlies Götter. Außerdem: Susanne Helmold (S. 55, 56, 63, 78, 85, 86), Christel Claudius (S. 13, Entwurf S. 43, 46), Sabine Eckert (S. 48, 74), Gudrun E. Olbert (S. 52).
Zeichnungen: Martin Schulze, Berlin, Jana Holeschovsky, Berlin
Lektorat: Claudia Huboi
Gestaltung und Layout: Berliner Buchwerkstatt Britta Dieterle
Gesamtherstellung: Urania Verlag, Berlin
Printed in Germany

Gedruckt auf alterungsbeständigem Papier mit chlorfrei gebleichtem Zellstoff.

Die Schreibweise entspricht den Regeln der neuen Rechtschreibung.